汉语口语速成

入门篇 第2版

Short-term Spoken Chinese

Threshold vol. 1

上

马箭飞 主编

苏英霞 翟艳 编著

北京语言大学出版社
BEIJING LANGUAGE AND CULTURE
UNIVERSITY PRESS

图书在版编目 (CIP) 数据

　　汉语口语速成.入门篇.上 / 马箭飞主编；苏英霞
, 翟艳编著. — 修订本. — 北京：北京语言大学出版
社，2004（2015.4 重印）
　　ISBN 978-7-5619-1364-2

　　Ⅰ.①汉…　Ⅱ.①马…　②苏…　③翟…　Ⅲ.①汉语—
口语—对外汉语教学—教材　Ⅳ.①H195.4

　　中国版本图书馆 CIP 数据核字（2004）第 096641 号

书　　　名：汉语口语速成·入门篇·上
　　　　　　HANYU KOUYU SUCHENG · RUMEN PIAN · SHANG
责任印制：姜正周

出版发行：北京语言大学出版社
社　　址：北京市海淀区学院路 15 号　　邮政编码：100083
网　　址：www.blcup.com
电子信箱：service@blcup.com
电　　话：编辑部：8610-82303647 / 3592 / 3395
　　　　　　发行部：8610-82303650 / 3591 / 3648（国内）
　　　　　　　　　　8610-82300309 / 3365 / 3080（海外）
　　　　　　读者服务部：8610-82303653
　　　　　　网购咨询：8610-82303908
印　　刷：北京中科印刷有限公司
经　　销：全国新华书店

版　　次：2005 年 7 月第 2 版　　2015 年 4 月第 18 次印刷
开　　本：787 毫米 ×1092 毫米　　1/16　　印张：10.75
字　　数：136 千字
书　　号：ISBN 978-7-5619-1364-2 / H·04066
定　　价：32.00 元

　　《汉语口语速成》系列教材自 1999 年陆续出版以来,备受欢迎,其韩国版甚至成为韩国最畅销的一套汉语教材。但这套教材编写于 1998 年,书中某些内容已经落后于中国当前的现实生活,所以,编者对这套教材进行了修订,调换了过时的内容,以使教材贴近当前现实,同时借机根据教学反馈对语言点的配置作了适当调整,改善版面设计,以使教材更便于使用。

　　该书共配有 6 张 DVD 教学示范光盘(上、下册各 3 盘),含有真实语境的情景对话、课文讲解、生词朗读和看图练习。该教学示范光盘配有英语、日语、韩语等可选择字幕,特别适合非汉语环境下的初学者自学使用。

北京语言大学出版社

2004 年 8 月

前　言

　　《汉语口语速成》是为短期来华留学生编写的、以培养学生口语交际技能为主的一套系列课本。全套课本共分五册,分别适应具有"汉语水平等级标准"初、中、高三级五个水平的留学生的短期学习需求。

　　编写这样一套系列课本主要基于以下几点考虑:

1. 短期来华留学生具有多水平、多等级的特点,仅仅按初、中、高三个程度编写教材不能完全满足学生的学习需求和短期教学的需求,细化教学内容、细分教材等级,并且使教材形成纵向系列和横向阶段的有机结合,才能使教材具有更强的适应性和针对性。

2. 短期教学的短期特点和时间的高度集中的特点,要求我们在教学上要有所侧重,在内容上要有所取舍,不必面面俱到,所以短期教学的重点并不是语言知识的系统把握和全面了解,而是要注重听说交际技能的训练。这套课本就是围绕这一目的进行编写的。

3. 短期教学要充分考虑到教学的实用性和时效性,要优选与学生的日常生活、学习、交际等方面的活动有直接联系的话题、功能和语言要素进行教学,并且要尽量地使学生在每一个单位教学时间里都能及时地看到自己的学习效果。因此,我们试图吸收任务教学法的一些经验,力求每一课书都能让学生掌握并应用一项或几项交际项目,学会交际中所应使用的基本的话语和规则,最终能够顺利地完成交际活动。

4. 教材应当把教师在教学中的一些好经验、好方法充分体现出来。在提供出一系列学习和操练内容的同时,还应当在教学思路、教学技巧上给使用者以启示。参与这套教材编写的人员都是有多年教学经验、并且在教学上有所创新的青年教师,他们中的多人都曾获过校内外的多个教学奖项,我们希望这套教材能够反映他们在课堂教学的一些想法,与同行进行交流。

5. 编写此套教材时,我们力求在语料选取、练习形式等方面有所突破。尽量选取和加工真实语料,增加交际性练习内容,使用图片、实物图示等手段丰富教材信息、增加交际实感,体现真实、生动、活泼的特点。

《汉语口语速成》系列课本包括入门篇、基础篇、提高篇、中级篇、高级篇五本。

1. 入门篇

   适合零起点和初学者学习。共 30 课,1～5 课为语音部分,自成系统,供使用者选用。6～30 课为主课文,涉及词汇语法大纲中最常用的词汇、句型和日常生活、学习等交际活动的最基本的交际项目。

2. 基础篇

   适合具有初步听说能力、掌握汉语简单句型和 800 个左右词汇的学习者学习。共 25 课,涉及大纲中以乙级词汇为主的常用词、汉语特殊句式、复句以及日常生活、学习、社交等交际活动的简单交际项目。

3. 提高篇

   适合具有基本的听说能力,掌握汉语一般句式和主要复句、特殊句式及 1500 个词汇的学习者学习。共 25 课,涉及以重点词汇为主的乙级和丙级语法内容和词汇;涉及生活、学习、社交、工作等交际活动的一般性交际项目。

4. 中级篇

   适合具有一般的听说能力,掌握 2500 个以上汉语词汇以及一般性汉语语法内容的学习者学习。共 14 课,涉及以口语特殊格式、具有篇章功能的特殊词汇为主的丙级与丁级语法和词汇以及基本的汉语语篇框架;涉及生活、学习、工作、社会文化等方面内容的较复杂的交际项目。

5. 高级篇

   适合具有较好的听说能力、掌握 3500 个以上汉语词汇,在语言表达的流利程度、得体性、复杂程度等方面具有初步水平的学习者学习。共 20 课,涉及大纲中丁级语法项目和社会文化、专业工作等内容的复杂交际项目,注重训练学习者综合表达自己的态度见解和分析评判事情的能力。

《汉语口语速成》系列课本适合以 6 周及 6 周以下为教学周期的各等级短期班的教学使用,同时也可以作为一般进修教学的口语技能课教材和自学教材使用。

编者 1999 年 5 月

目 录  Contents

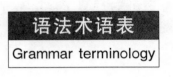

语法术语表
Grammar terminology

名词	名	noun
动词	动	verb
助动词	助动	auxiliary verb
形容词	形	adjective
代词	代	pronoun
数词	数	numeral
量词	量	measure word
数量词	数量	numeral-measure compound
副词	副	adverb
连词	连	conjunction
介词	介	preposition
助词	助	particle
叹词	叹	interjection
词头	头	prefix
词尾	尾	suffix

你好

语音 Phonetics

1 韵母 Finals - vowels

a	o	e	er	i	-i(zi)	-i(zhi)	u	ü
ai	ei	ao	ou	an	en	ang	eng	ong
ia	ie	iao	iou(iu)	ian	in	iang	ing	iong
ua	uo	uai	uei(ui)	uan	uen(un)	uang	ueng	
üe	üan	ün						

2 声母 Initials - conson

b	p	m	f	d	t	n	l
g	k	h					
j	q	x					
z	c	s					
zh	ch	sh	r				

语音注释 Phonetics explanation

1 声母和韵母 Initials and finals

汉语的音节绝大多数由声母和韵母组成。音节开头的辅音叫声母，其余部分叫韵母。

A Chinese syllable is usually composed of an initial and a final. The former is a consonant that begins the syllable and the latter is the rest of the syllable.

2 声调 Tones

声调是音节的音高变化。汉语普通话有四个基本声调,分别为第一声(ˉ)、第二声(′)、第三声(ˇ)、第四声(`)。声调不同,意思不一样。

Tones are changes of pitch of syllables. In the standard Chinese there are four basic tones, represented respectively by the following tone - graphs:the first tone(-),the second tone(′),the third tone (ˇ)and the fourth tone (`). When a syllable is pronounced in different tones,it has different meanings.

3 声调位置 Tone position

一个音节只有一个元音时,声调符号标在元音上;有两个或两个以上元音时,声调标在主要元音(即响度大的元音)上。例如:mā、hǎo、zuò。元音 i 上有声调符号时,要去掉 i 上的小点儿。如:mì、jǐng。i、u 并列时,声调标在后面的字母上。例如:liú、guǐ。

When a syllable contains a single vowel only, the tone - mark is placed above the vowel sound. When a syllable contains two or more vowels, the tone - mark should be placed above the main vowel (the one pronounced more loudly and clearly), e. g. "mā", "hǎo", "zuò". When a tone - mark is placed above the vowel "i", the dot over it should be omitted, e. g. "mì","jǐng". When "iu" or "ui" comes, the tone - mark should be placed above the terminal vowel, e. g. "liú", "guǐ".

4 变调 Tone changes

(1)两个第三声音节连在一起时,前一个要读成第二声。例如:nǐ hǎo → ní hǎo。

A third tone,when immediately followed by another third tone,should be pronounced in the second tone,e. g. nǐ hǎo→ní hǎo.

(2)第三声字在第一、二、四和大部分轻声前边时,要变成"半三声"。"半三声"就是只读原来第三声的前一半降调。例如:你们 nǐmen→nǐmen。

A third tone, when followed by a first, second or fourth tone, or by the majority of the neutral tones, usually becomes a half third tone, that is, the tone that only falls but does not rise,

e. g. "你们 nǐmen→nǐmen".

（3）"不"的变调 Changes of tones of "不"

"不"在第四声字前或由第四声变来的轻声字前读第二声。例如：bù kèqi→bú kèqi（不客气）。在第一、二、三声前仍读第四声。

"不" is pronounced in the second tone when it precedes another fourth tone or a neutral tone that is originally a fourth tone, e. g. "bù kèqi→bú kèqi（不客气）". But it is pronounced in the fourth tone when it precedes a first, second or third tone.

5 轻声 Neutral tone

普通话里有一些音节在一定条件下失去原调，读得又轻又短，叫做轻声。轻声不标调号。例如：xièxie，bú kèqi。

In standard Chinese pronunciation, there are a number of syllables that lose their original tones and are pronounced soft and short. This is known as the neutral tone which is identified by the absence of a tone mark, e. g. "xièxie，bú kèqi".

语音练习 Pronunciation drills

朗读下列词语，注意"不"的声调 Read out the following words, paying attention to the tone of "不"

bù tīng	不听	bù suān	不酸
bù xué	不学	bù tián	不甜
bù xiě	不写	bù kǔ	不苦
bú suàn	不算	bú là	不辣
bù gān bú jìng 不干不净		bù wén bú wèn 不闻不问	
bù xǐ bù bēi 不喜不悲		bú jiàn bú sàn 不见不散	

生词 New words

1.	你	代	nǐ	you
2.	好	形	hǎo	well; good
3.	您	代	nín	you(polite)
4.	你们	代	nǐmen	you(plural)
5.	老师	名	lǎoshī	teacher
6.	谢谢	动	xièxie	to thank
7.	不	副	bù	not
8.	客气	形	kèqi	polite; courteous
9.	不客气		bú kèqi	Don't mention it; You're welcome.
10.	对不起		duìbuqǐ	I am sorry.
11.	没关系		méi guānxi	Don't mention it.
12.	再见	动	zàijiàn	good-bye
13.	请	动	qǐng	please

14.	进	动	jìn	to enter
15.	坐	动	zuò	to sit
16.	听	动	tīng	to listen
17.	说	动	shuō	to say
18.	读	动	dú	to read
19.	写	动	xiě	to write

课文　Text

1

A：Nǐ hǎo.
你 好。[1]

B：Nǐ hǎo.
你 好。

nín	nǐ
您[2]	你
nǐmen	lǎoshī
你们	老师

2

A：Xièxie.
谢谢。

B：Bú kèqi.
不客气。

3

A：Duìbuqǐ.
对不起。

B：Méi guānxi.
没关系。

4

A：Zàijiàn.
再见。

B：Zàijiàn.
再见。

5

Qǐng jìn.
请进。

zuò	tīng	shuō	dú	xiě
坐	听	说	读	写

注 释 Notes

［1］你好。

日常问候语。任何时间、任何场合以及任何身份的人都可以使用。对方的回答也应是"你好"。

It is a common greeting. It may be used anywhere, at any time and by anybody. The answer to it from the person addressed to is also "你好".

［2］您

"您"是"你"的敬称。

"您" is a polite expression of "你".

综合练习 Comprehensive Exercises

1 看图完成会话 Complete the dialogue according to each picture

1

A：你好。

B：_Nǐ hǎo_____。

2

A：_xiè xie_____。

B：不客气。

3

A: 对不起。

B: _Méi guānxì_。

4

A: _Nín hǎo_。

B: 你好。

5

A: _duìbuqǐ_。

B: 没关系。

6

A、B: 老师好。

老师: _Nǐ me hǎo_。

7

A、B: _zàijiàn_。

老师: 再见。

8

A: _qǐng jìn_。

B: 谢谢。

9

A：<u>qing wǔo</u>　。

B：谢谢。

2 看图说动词　Give a Chinese verb for each picuture

1

<u>ting</u>

2

<u>shuo</u>

3

<u>dú</u>

4

<u>xiě</u>

你好吗

1 声母 Initials

| b | p | m | f | d | t | n | l |

2 韵母 Finals

| a | o | e | i | u | ü | er | ê |

3 拼音 Spelling

	a	o	e	i	u	ü	er
b	ba	bo		bi	bu		
p	pa	po		pi	pu		
m	ma	mo	me	mi	mu		
f	fa	fo			fu		
d	da		de	di	du		
t	ta		te	ti	tu		
n	na		ne	ni	nu	nü	
l	la		le	li	lu	lü	

语音注释 Phonetics explanations

1 隔音符号 Dividing mark

　　a、o、e 开头的音节连接在其他音节后面时，为了使音节界限清楚，不致混淆，要用隔音符号"'"隔开。例如：Tiān'ānmén（天安门）。

When a syllable beginning with "a", "o", "e" follows another syllable in such an ambiguous way that the division of the two syllables could be confused，it is essential to put a dividing mark "'" in between，e. g. "Tiān'ānmén（天安门）".

2 儿化 Retroflex final

er 常常跟其他韵母结合在一起，使该韵母成为儿化韵母。儿化韵母的写法是在原韵母之后加 - r，例如：wánr（玩儿）、huār（花儿）。

The final "er" is usually attached to another final to form a retroflex final and when thus used，it is no longer an independent syllable. A retroflex final is represented by the letter "r" added to the final，e. g. "wánr（玩儿）"，"huār（花儿）".

语音练习 Pronunciation drills

1 辨声母 Initial discrimination

(1) bā —— pā	(2) dè —— tè	(3) nǐ —— lǐ
(4) mō —— fō	(5) bù —— pù	(6) má —— fá
(7) nǔ —— lǔ	(8) dú —— tú	(9) bǐ —— pǐ

2 辨韵母 Final discrimination

(1) mō —— mē	(2) bǎ —— bǒ	(3) fó —— fá
(4) pì —— pù	(5) tà —— tè	(6) lǐ —— lǔ
(7) dà —— dì	(8) mō —— mū	(9) nǔ —— nǔ

3 辨调 Tone discrimination

(1) bǐ —— bì　　(2) mō —— mó　　(3) pà —— pā

(4) tǔ —— tū　　(5) nù —— nǔ　　(6) lū —— lù

(7) dé —— dě　　(8) fū —— fú

4 听录音填空 Listen to the recording, and then fill in the blanks

(1) __ a　　　　(2) __ ü　　　　(3) __ u

(4) __ o　　　　(5) __ i　　　　(6) __ e

(7) __ i __ i　　(8) __ i __ o　　(9) __ u __ u

(10) __ u __ i　(11) __ e __ i　(12) __ u __ i

(13) n __　　　(14) f __　　　(15) p __

(16) l __　　　(17) d __　　　(18) m __

(19) p __ b __　(20) d __ g __　(21) t __ y __

(22) n __ p __　(23) d __ y __　(24) b __ l __

5 读下列音节(第一声＋一、二、三、四及轻声) Read out the following syllables

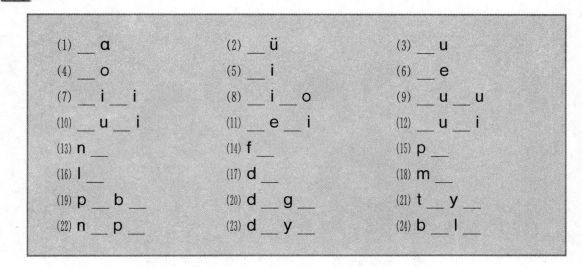

1st ＋ 1st :	fāyīn	发音	fēijī	飞机
1st ＋ 2nd :	huānyíng	欢迎	bāngmáng	帮忙
1st ＋ 3rd :	gāngbǐ	钢笔	hēibǎn	黑板
1st ＋ 4th :	gāoxìng happy	高兴	shēngdiào	声调
1st ＋ the neutral tone :	māma	妈妈	shāngliang	商量

6 朗读下列词语，注意儿化韵的读法 Read out the following words, paying attention to the retroflex final

wánr	玩儿	huār *flower*	花儿
fànguǎnr *small restaurant*	饭馆儿	bǎncār *eraser*	板擦儿
bīnggùnr *ice cream*	冰棍儿	xiǎosháor *little spoon*	小勺儿
yìdiǎnr *few*	一点儿	huājuǎnr *can bread*	花卷儿

生词 *New words*

1. 吗	助	ma	(a particle used at the end of a question)
2. 我	代	wǒ *wa*	I
3. 很	副	hěn *hang*	very
4. 呢	助	ne	(a particle used at the end of special, alternative, or rhetorical question)
5. 也	副	yě *ewy*	too, also

6.	爸爸	名	bàba		father
7.	妈妈	名	māma		mother
8.	都	副	dōu	doe	both；all
9.	他们	代	tāmen		they；them
10.	哥哥	名	gēge	gaga	elder brother
11.	他	代	tā		he；him
12.	姐姐	名	jiějie	giaga	elder sister
13.	她	代	tā		she；her
14.	爱人	名	àiren	aijon	husband or wife
15.	弟弟	名	dìdi		younger brother
16.	妹妹	名	mèimei	maymay	younger sister
17.	忙	形	máng	mong	busy
18.	累	形	lèi	lay	tired
19.	饿	形	è	ugh	hungry
20.	渴	形	kě	Kugh	thirsty

课文　Text

1

A：Nǐ hǎo ma?
你 好 吗?[1]

B：Wǒ hěn hǎo. Nǐ ne?
我 很 好。你 呢?[2]

A：Wǒ yě hěn hǎo.
我 也 很 好。

B：Nǐ bàba、māma dōu hǎo ma?
你 爸爸、妈妈 都 好 吗?

nǐ	gēge	tā
你	哥哥，	他
nǐ	jiějie	tā
你	姐姐，	她
nǐ	àiren	tā
你	爱人，	他
nǐ	àiren	tā
你	爱人，	她

dìdi	mèimei
弟弟	妹妹

A：Tāmen yě dōu hěn hǎo.
他们 也 都 很 好。[3]

2

A：Nǐ máng ma?
你 忙 吗?

B：Wǒ bù máng.
我 不 忙。

lèi   è   kě
累   饿   渴

注 释 Notes

[1] 你好吗?

常用问候语。回答一般是"我很好"等套语。一般用于已经认识的人之间。

"你好吗?" is a common greeting. One of the commonly used answer is "我很好". It is used between people who have already met each other.

[2] 你呢?

"……呢"承接上面的话题提出问题。

"…呢" is used to ask the same question as asked before.

[3] 他们也都很好。

"也"和"都"只能用在主语之后、动词或形容词之前。

"也"和"都"修饰同一个动词或形容词时,"也"用在"都"的前面。

"也" and "都" are only used before verbs and adjectives, after subjects.

If "也" and "都" both modify the same verb or adjective, "也" should precede "都".

综合练习 *Comprehensive Exercises*

1 看图会话 Make a dialogue according to each picture

1

会话题目 Topic：你好吗？

会话角色 Roles：A，B

2

A：＿＿＿＿＿＿＿？

B：我很忙。＿＿＿＿＿？

A：＿＿＿＿＿＿＿。

3

A：你累吗？

B：＿＿＿＿＿。＿＿＿＿？

A：我很累。

4

A：你渴吗？

B：我不渴。＿＿＿＿＿。

A：我也很饿。

你吃什么

502 *(handwritten)*

声 *(handwritten)*

语音 Phonetics

1 声母 Initials *(handwritten: Sheng mǔ)*

g	k	h

2 韵母 Finals *(handwritten: yùn mǔ)*

(handwritten above cells: a eee, āye, ouh, oh, a-n, eang, oang, ung, ooom)

ai	ei	ao	ou	an	en	ang	eng	ong

3 拼音 Spelling *(handwritten: pīn yīn)*

(handwritten: gwo)

	a	o	e	i	u	ü
g	ga	go	ge		gu	
k	ka	ko	ke		ku	
h	ha	ho	he		hu	

(handwritten notes: ka cha - truck, dwan - short, ha - and drink, ho - sound like who)

	ai	ei	ao	ou	an	en	ang	eng	ong
b	bai	bei	bao		ban	ben	bang	beng	
p	pai	pei	pao	pou	pan	pen	pang	peng	
m	mai	mei	mao	mou	man	men	mang	meng	
f		fei		fou	fan	fen	fang	feng	
d	dai	dei	dao	dou	dan		dang	deng	dong
t	tai		tao	tou	tan		tang	teng	tong
n	nai	nei	nao		nan	nen	nang	neng	nong
l	lai	lei	lao	lou	lan		lang	leng	long

(handwritten side notes: volly ball pai-chu, gei fu chu, mei gua Americans, kei deng turn on light)

(handwritten bottom notes: pen - to spill, men - door, meng - dream, deng - light, dong - hurt, building, rotten, baye meng- north gate, yadan Duck egg, léng cold, dragon)

16

汉语口语速成

	ai	ei	ao	ou	an	en	ang	eng	ong
g	gai	gei	gao	gou	gan	gen	gang	geng	gong
k	kai	kei	kao	kou	kan	ken	kang	keng	kong
h	hai	hei	hao	hou	han	hen	hang	heng	hong

语音练习 Pronunciation drills

1 辨声母 Initial discrimination

(1) gāi —— kāi (2) hē —— gē

(3) gān —— hān (4) kōng —— gōng

(5) hǎo —— kǎo (6) kěn —— hěn

(7) tóugǎo —— tóukǎo (8) mǐgāng —— mǐkāng

(9) hūhǎn —— kūhǎn (10) hòuwèi —— gòuwèi

2 辨韵母 Final discrimination

(1) kěn —— kǎn (2) gān —— gāng

(3) hòu —— hòng (4) hèn —— hèng

(5) gěng —— gǒng (6) kǎo —— kǒu

(7) mùpén —— mùpéng (8) kāifàn —— kāifàng

(9) gòule —— gàole (10) bǎibù —— běibù

3 辨声调 Tone discrimination

(1) fèn —— fēn (2) máo —— mǎo

(3) lèi —— lěi (4) bāng —— báng

(5) gēn —— gěn (6) hēng —— hěng

(7) hòufāng —— hòufǎng (8) kāifā —— kǎifà

(9) líkāi —— lìkǎi (10) wǔdǎo —— wǔdào

tīng lù yīn tián kòng

4 听录音填空 Listen to the recording, and then fill in the blanks

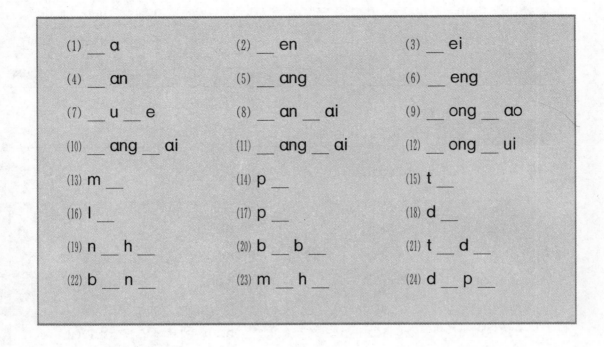

(1) __ a	(2) __ en	(3) __ ei
(4) __ an	(5) __ ang	(6) __ eng
(7) __ u __ e	(8) __ an __ ai	(9) __ ong __ ao
(10) __ ang __ ai	(11) __ ang __ ai	(12) __ ong __ ui
(13) m __	(14) p __	(15) t __
(16) l __	(17) p __	(18) d __
(19) n __ h __	(20) b __ b __	(21) t __ d __
(22) b __ n __	(23) m __ h __	(24) d __ p __

lǎng dú xià liè yīn jié

5 朗读下列音节（第二声＋一、二、三、四声及轻声） Read out the following syllables

2nd + 1st:	fángjiān ~room 房间	míngtiān ~tomorrow 明天
2nd + 2nd:	tóngxué ~class mates 同学	yínháng ~bank 银行
2nd + 3rd:	méiyǒu ~no mayo 没有	píjiǔ ~beer cold-bing 啤酒
2nd + 4th:	yóupiào ~stamps 邮票	dédào ~to get 得到
2nd + the neutral tone:	biéde ~others else 别的	tóufa ~hair 头发

shì de dà — yes I am
duì — yes, correct

Shung
Shēng cí

生词 *New words*

1. 吃	动	chī *cher*	to eat
2. 什么	代	shénme	what
3. 饺子	名	jiǎozi *Je oun dzi*	dumpling(with meat and vegetable stuffing)
4. 米饭	名	mǐfàn	cooked rice
5. 面条	名	miàntiáo *middle noodle*	noddle
6. 面包	名	miànbāo	bread
7. 包子	名	bāozi *ba oun dzi*	stuffed bun
8. 喝	动	hē *hugh*	to drink
9. 啤酒	名	píjiǔ	beer
10. 茶	名	chá	tea
11. 咖啡	名	kāfēi	coffee
12. 矿泉水	名	kuàngquánshuǐ *ongchwaan shwey*	mineral water
13. 牛奶	名	niúnǎi *nuoo naye*	milk
14. 买	动	mǎi *maae*	to buy
15. 词典	名	cídiǎn	dictionary

sher jiu

16. 本子	名	běnzi	notebook
17. 书	名	shū	book
18. 笔	名	bǐ	pen
19. 书包	名	shūbāo	schoolbag

专名 Proper names

可口可乐	Kěkǒu kělè	Coca-cola

kè wén

课文 | Text

1

A：Nǐ chī shénme?
你 吃 什么

B：Wǒ chī jiǎozi.
我 吃 饺子。

mǐfàn   miàntiáo
米饭   面条
miànbāo   bāozi
面包   包子

2

A：Nǐ hē shénme?
你 喝 什么?

B：Wǒ hē píjiǔ.
我 喝 啤酒。

Kěkǒukělè   chá   kāfēi
可口可乐   茶   咖啡
kuàngquánshuǐ   niúnǎi
矿泉水   牛奶

3

may

A：Nǐ mǎi shénme?
你 买 什么?

B：Wǒ mǎi cídiǎn.
我 买 词典。

běnzi   shū
本子   书
bǐ   shūbāo
笔   书包

tsong heeh
zōng hé liàn xí

综合练习 **Comprehensive Exercises**

1 看图会话 Make a dialogue according to each picture

1

会话题目 Topic：你吃什么？

会话角色 Roles：A、B

2

会话题目 Topic：你们买什么？

会话角色 Roles：A、B、C

2 用汉语说出下列物品的名称 Say the following articles in Chinese

1   2   3

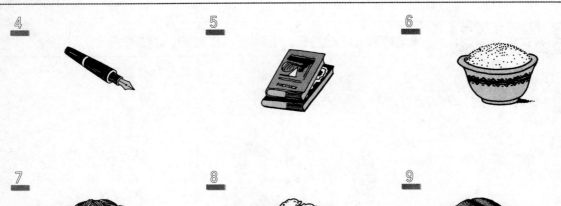

4

5

6

7

8

9

10

11

12

13

14

15

多少钱

语音 Phonetics

1 声母 Initials

chee *shee*

j~~ee~~	q	x

2 韵母 Finals

yan *nyogt* *wpo* *you* *yan* *ying* *yong* *ying* *yang*

ia	ie	iao	iou(iu)	ian	in	iang	ing	iong
üe	üan	ün						

dzva *dzvan* *dzvin*

3 拼音 Spelling

木

	ia	iao	ie	iou	ian	in	iang	ing	iong	üe	üan	ün
b		biao	bie		bian	bin		bing				
p		piao	pie		pian	pin		ping				
m		miao	mie	miu	mian	min		ming				
f												
d		diao	die	diu	dian			ding				
t		tiao	tie		tian			ting				
n		niao	nie	niu	nian	nin	niang	ning		nüe		
l	lia	liao	lie	liu	lian	lin	liang	ling		lüe		
j	jia *home*		jie	jiu	jian	jin	jiang	jing	jiong	jue	juan	jun
q	qia *cha*		qie	qiu	qian	qin	qiang	qing	qiong	que	quan	qun
x	xia		xie	xiu	xian	xin	xiang	xing	xiong	xue	xuan	xun

语音注释 Phonetics explanations

1　ü 自成音节或在一个音节开头时，前边加上 y，ü 上面的两点省略。例如：ü→yu、üan→yuan、üe→yue、ün→yun。

When "ü" forms a syllable by itself or occurs at the beginning of a syllable, it is written as "yu", with the two dots of "ü" dropped, e. g. "ü→yu", "üan→yuan", "üe→yue", "ün→yun".

2　i 自成音节时，前边加上 y；在一个音节开头时，写成 y。例如：i→yi、ian→yan。

When "i" forms a syllable by itself, it is written as "yi"; when "i" occurs at the beginning of a syllable, it should be written as "y", e. g. "i→yi", "ian→yan".

3　iou 在跟声母相拼时，中间的元音 o 省略，写成 iu。调号标在后一元音上。例如：jiǔ（九）。iou 自成音节时，写成 you，调号标在 o 上，例如：yōu（优）。

The compound final "iou" is written as "iu" and the tone-mark is placed above the last element, e. g. "jiǔ（九）". When it forms a syllable by itself, it is written as "you" and the tone-mark is placed above "o", e. g. "yōu（优）".

4　j、q、x 与 ü 及以 ü 开头的韵母相拼时，ü 上面的两点省略。例如：jùzi（句子）、xuéxí（学习）。

When "j", "q", "x" are put before "ü" or a finals beginning with "ü", the two dots in "ü" are dropped, e. g. "jùzi（句子）", "xuéxí（学习）".

语音练习 Phonetics drills

1 辨声母 Initial discrimination

(1) jiā —— qiā		(2) qiǔ —— jiǔ	
(3) xué —— qué		(4) jìng —— xìng	
(5) qióng —— xióng		(6) xuān —— juān	
(7) běijīng —— běiqīng		(8) xiángxì —— xiángjì	
(9) xiūxué —— qiúxué		(10) qiànquē —— xiánquē	

2 辨韵母 Final discrimination

(1) quán —— qián   (2) xiě —— xuě

(3) jiào —— jiù   (4) xīn —— xīng

(5) jiǎn —— jiǎng   (6) qūn —— qīn

(7) yàopiàn —— yòupiàn   (8) xiānhuā —— xiānghuā

(9) rénmín —— rénmíng   (10) tōngxìn —— tōngxùn

3 辨声调 Tone discrimination

(1) qiè —— qiě   (2) jīng —— jǐng

(3) juě —— juè   (4) xū —— xǔ

(5) jùn —— jǔn   (6) jiā —— jiá

(7) xīqū —— xīqǔ   (8) qiánxiàn —— qiānxiàn

(9) tōngxíng —— tóngxíng   (10) jiǎnmiǎn —— jiànmiàn

4 听录音填空 Fill in the blanks according to the recording

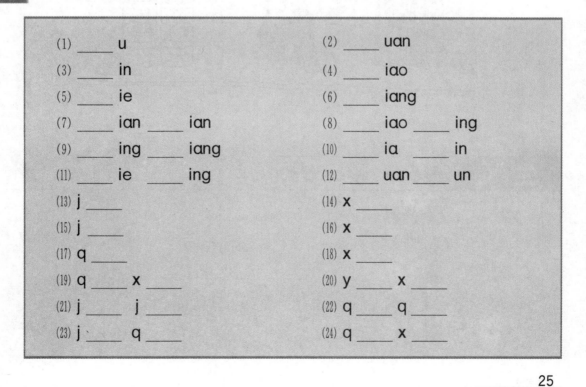

(1) ____ u   (2) ____ uan

(3) ____ in   (4) ____ iao

(5) ____ ie   (6) ____ iang

(7) ____ ian ____ ian   (8) ____ iao ____ ing

(9) ____ ing ____ iang   (10) ____ ia ____ in

(11) ____ ie ____ ing   (12) ____ uan ____ un

(13) j ____   (14) x ____

(15) j ____   (16) x ____

(17) q ____   (18) x ____

(19) q ____ x ____   (20) y ____ x ____

(21) j ____ j ____   (22) q ____ q ____

(23) j ____ q ____   (24) q ____ x ____

5 朗读下列音节 Read out the following syllables

（1）第三声＋一、二、四声及轻声 → 半三声＋一、二、四声及轻声

3rd tone＋1st, 2nd, 4th or the neutral tone → half 3rd tone＋1st, 2nd, 4th or the neutral tone

3rd＋1st：	Běijīng	北京	jiǎndān	简单 *easy*
3rd＋2nd：	lǚxíng *to travel*	旅行	Měiguó	美国 *supper, dinner*
3rd＋4th：	kěpà	可怕	wǎnfàn	晚饭
3rd＋the neutral tone：	xǐhuan	喜欢	běnzi	本子

（2）第三声＋第三声 → 第二声＋第三声

3rd tone ＋ 3rd tone → 2nd tone ＋3rd tone

yǔfǎ → yúfǎ 语法 *grammar*   fǔdǎo → fúdǎo 辅导 *to tutor*

生词 New words

1. 要	助动、动	yào	to want
2. 换	动	huàn	to change
3. 钱	名	qián	money
4. 多少	代	duōshao	how much; how many
5. 一	数	yī	one

6.	百	数	bǎi	hundred
7.	美元	名	měiyuán	US dollar
8.	二	数	èr	two
9.	三	数	sān	three
10.	四	数	sì	four
11.	五	数	wǔ	five
12.	两	数	liǎng	two
13.	杯	量、名	bēi	cup; glass
14.	块(元)	量	kuài(yuán)	*yuan*(the basic monetary unit of China)
15.	个	量	gè	(a measure word most extensively used)
16.	六	数	liù	six
17.	毛(角)	量	máo(jiǎo)	*mao/jian*(the fractional monetary unit of China, = 1/10 of a yuan)
18.	瓶	量、名	píng	bottle
19.	七	数	qī	seven
20.	八	数	bā	eight
21.	本	量	běn	(a measure word for books, etc.)
22.	九	数	jiǔ	nine
23.	十	数	shí	ten
24.	分	量	fēn	*fen*(the fractional monetary unit of China, = 1/10 of a *jiao*)

课文　Text

1

A：Wǒ yào huàn qián.
　　我 要 换 钱。

B：Huàn duōshao?
　　换 多 少?

èr	sān	sì	wǔ
二	三	四	五

A：Huàn yì bǎi měiyuán.
换 一 百 美 元。

2

A：Liǎng bēi kāfēi,
两 杯 咖啡,

duōshao qián?
多 少 钱？

B：Wǔ kuài.
五 块。

yí ge	běnzi	liù máo
一个,	本子,	六毛
sì píng	píjiǔ	qī kuài èr
四瓶,	啤酒,	七块二
liǎng ge	miànbāo	bā kuài
两个,	面包,	八块
sān běn	cídiǎn	jiǔshí kuài
三本,	词典,	九十块

注 释 Notes

[1] 两杯咖啡多少钱?

　　"二"和"两"都是表示"2"这个数目。在量词前（或不需要量词的名词前）一般用"两"不用"二"。

　　Both "二" and "两" mean the number of two. When "2" comes before a measure word (or before a noun which needs no measure word before it), "两" is used instead of "二".

综合练习　Comprehensive Exercises

1 大家一起用汉语从"一"数到"一百"　Count from 1 to 100 in Chinese

2 看人民币说出钱数　Look at the RMB presented and tell the face value

3 看图进行替换练习　Do substitution drills according to each picture

<u>1</u> 例：

A：你买什么？

B：我买一 <u>瓶</u> <u>矿泉水</u>。

①

瓶

②

杯

③

个

④

本

<u>2</u> 例：

A：<u>一瓶矿泉水</u>多少钱？

B：<u>两块</u>。

①

②
咖啡 5 块 / 杯
啤酒 6 块 / 杯

③

④

4 用所给词语完成会话 Complete the following dialogue with the given words

A：_____。（换）

B：_____？（多少）

A：_____。（美元）

图书馆在哪儿

5

语音 *Phonetics*

1 声母 Initials

z	c	s	zh	ch	sh	r

2 韵母 Finals

ua	uo	uai	uei(ui)	uan	uen(un)	uang	ueng

3 拼音 Spelling

	ua	uo	uai	uei	uan	uen	uang	ueng
d		duo		dui	duan	dun		
t		tuo		tui	tuan	tun		
n		nuo			nuan			
l		luo			luan	lun		
g	gua	guo	guai	gui	guan	gun	guang	
k	kua	kuo	kuai	kui	kuan	kun	kuang	
h	hua	huo	huai	hui	huan	hun	huang	
z		zuo		zui	zuan	zun		
c		cuo		cui	cuan	cun		
s		suo		sui	suan	sun		
zh	zhua	zhuo	zhuai	zhui	zhuan	zhun	zhuang	

	ua	uo	uai	uei	uan	uen	uang	ueng
ch		chuo	chuai	chui	chuan	chun	chuang	
sh	shua	shuo	shuai	shui	shuan	shun	shuang	
r		ruo		rui	ruan	run		

语音注释 Phonetics explanations

1 u 自成音节时，前边加上 w；在一个音节开头时，写成 w。例如：u→wu、uan→wan。

When "u" forms a syllable by itself, it should be written as "wu"; when "u" occurs at the beginning of a syllable, it is written as "w", e.g. "u→wu", "uan→wan".

2 uei、uen 跟声母相拼时，中间的元音省略，写成 ui、un。例如：huí（回）、zhǔn（准）。

"uei" and "uen", when preceded by an initial, are written as "ui" and "un" respectively, e.g. "huí（回）", "zhǔn（准）".

3 "一" 的变调 Changes of tones of "一"

"一"单念时读原调，例如：yī（一）。在第四声字前或由第四声变来的轻声字前读第二声，例如：yí gè（一个）。在第一、二、三声前读第四声，例如：yì fēn（一分）、yì píng（一瓶）、yì běn（一本）。

The word "一" is normally pronounced in the first tone, e.g. "yī（一）". When "一" is followed by a syllable in the fourth tone, or by a syllable in the neutral tone transformed from the fourth tone, it is pronounced in the second tone, e.g. "yí gè（一个）". When "一" is followed by a syllable in the first, the second or the third tone, it is pronounced in the fourth tone, e.g. "yì fēn（一分）", "yì píng（一瓶）", "yì běn（一本）".

语音练习 Pronunciation drills

1 辨声母 Initial discrimination

(1) zū —— sū		(2) suī —— cuī	
(3) cún —— chún		(4) shuò —— ruò	
(5) zhuān —— zuān		(6) chù —— zhù	
(7) chāoqī —— zhāoqī		(8) suōxiǎo —— cuōxiǎo	
(9) qiúchǎng —— qiúzhǎng		(10) jiézhù —— jiéshù	
(11) zǔlì —— zhǔlì		(12) mùcái —— mùchái	
(13) sāngyè —— shāngyè		(14) cácuò —— cházuò	

2 辨韵母 Final discrimination

(1) sū —— suō	(2) wén —— wéng
(3) zhuǎn —— zhuǎng	(4) chuāi —— chuī
(5) shuā —— shuāi	(6) zuǎn —— zǔn
(7) chuán shàng —— chuáng shàng	(8) zūzi —— zuìzi
(9) shuāijiāo —— shuìjiào	(10) zhuāzhù —— zhuōzhù

3 辨声调 Tone discrimination

zh-j

(1) suān —— suàn	(2) cuò —— cuō
(3) rǔ —— rú	(4) shuāng —— shuǎng
(5) zhū —— zhù	(6) ruì —— ruǐ
(7) zhěngjié —— zhènjié	(8) chuānqí —— chuánqí
(9) xīnsuān —— xīnsuàn	(10) sīxiǎng —— sìxiàng

thought

4 **听录音填空** Listen to the recording, and then fill in the blanks

A：(1) _____ uā   (2) _____ ū
(3) _____ uī   (4) _____ uò
(5) _____ ī   (6) _____ uāng
(7) _____ ū _____ ù   (8) ___ uō ___ ù
(9) _____ uán ___ uō (10) ___ uī ___ uí
(11) _____ uò _____ ǔ (12) ___ ù ___ uǒ
(13) c _____   (14) z _____
(15) zh _____   (16) sh _____
(17) zh _____   (18) ch _____
(19) r _____ r _____ (20) sh _____ zh _____
(21) s _____ sh _____ (22) zh _____ zh _____
(23) ch _____ zh _____ (24) z _____ ch _____

B：(1) ___ ūn ___ uāng (2) ___ í ___ iē
(3) ___ ián ___ éng   (4) ___ ū ___ í
(5) ___ īn ___ ǎng   (6) ___ í ___ íng
(7) ___ uǒ ___ ìng   (8) ___ iàn ___ uǒ
(9) ___ iū ___ è   (10) ___ è ___ iàng
(11) ___ ì ___ ùn   (12) ___ ào ___ èi

5 **朗读下列音节（第四声＋一、二、三、四声及轻声）** Read out the following syllables

4th＋1st ：	qìchē	汽车	dàjiā	大家
4th＋2nd：	liànxí	练习	wèntí	问题
4th＋3rd ：	Hànyǔ	汉语	bàozhǐ	报纸
4th＋4th ：	zàijiàn	再见	zhùyì	注意
4th＋the neutral tone：	mèimei	妹妹	jìngzi	镜子

6 朗读下列词组，注意"一"的变调 Read out the following phrases, paying attention to the changes of tones of "一"

yízhì tōngguò （一致通过）	yí rì qiānlǐ （一日千里）
yì tiān dào wǎn （一天到晚）	yì zhī bàn jiě — idon't know completely （一知半解）
yì yán wéi dìng （一言为定）	yì wǎng zhí qián — go for it （一往直前）
yì xīn yí yì （一心一意）	dà nián chūyī （大年初一）

生词 **New words**

1.	请问		qǐng wèn	Excuse me.
2.	图书馆	名	túshūguǎn	library
3.	在	介、动	zài	to exist; to be at, in or on a place
4.	哪儿	代	nǎr	where
5.	就	副	jiù	just

6. 那儿	代	nàr	there	
7. 食堂	名	shítáng	dining hall	
8. 留学生	名	liúxuéshēng	overseas student	
9. 宿舍	名	sùshè	dormitory	
10. 办公室	名	bàngōngshì	office	
11. 楼	名	lóu	building	
12. 邮局	名	yóujú	post office	
13. 银行	名	yínháng	bank	
14. 医院	名	yīyuàn	hospital	
15. 商店	名	shāngdiàn	shop	
16. 书店	名	shūdiàn	bookshop	
17. 知道	动	zhīdào	to know	
18. 去	动	qù	to go	

专名　Proper names

1. 天安门	Tiān'ānmén	the Tian'anmen Square
2. 故宫	Gùgōng	the Forbidden City
3. 颐和园	Yíhéyuán	the Summer Palace
4. 长城	Chángchéng	the Great Wall

课文　Text

1

A: Qǐng wèn, túshūguǎn
请 问[1]，图书馆

zài nǎr?
在 哪儿？

B: Jiù zài nàr.
就 在 那儿。

shítáng　　liúxuéshēng
食堂　　　留学生
sùshè　　　bàngōngshì
宿舍　　　办公室
qī lóu
七 楼

2

A: Qǐng wèn, yóujú zài nǎr?
　　请问，邮局在哪儿？

B: Duìbuqǐ, wǒ bù zhīdào.
　　对不起，我不知道。

yínháng	yīyuàn
银行	医院
shāngdiàn	shūdiàn
商店	书店

3

A: Nǐ qù nǎr?
　　你去哪儿？

B: Wǒ qù Tiān'ānmén.
　　我去天安门。

Gùgōng	Yíhéyuán
故宫	颐和园
Chángchéng	
长城	

注释　Notes

[1] 请问

"请问"是向别人提问时的客套话，一定要用在提出问题之前。

"请问" is a polite form of inquiry, used to ask someone something. It should be used before the question that will be asked.

综合练习　*Comprehensive Exercises*

1 看图完成会话　Complete the dialogue according to each picture

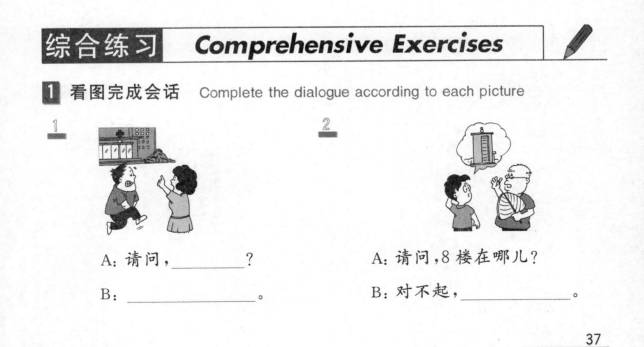

1

A: 请问，＿＿＿＿＿？

B: ＿＿＿＿＿。

2

A: 请问，8楼在哪儿？

B: 对不起，＿＿＿＿＿。

3

A：你去哪儿？

B：_____。

4

A：_____？

B：我去邮局。

5

A：他们去哪儿？

B：_____。

6

A：_____？

B：我去颐和园。

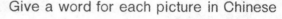

2 请用汉语说出下列地点的名称　Give a word for each picture in Chinese

1

_____

2

_____

3

_____

4

_____

5

_____

6

_____

7

_____

8

_____

9

_____

10

_____

11

_____

12

_____

我来介绍一下

学 生 证

姓名 Name	：保罗
性别 Sex	：男
国籍 Nationality	：德国
单位 Unit	：速成学院

日期：2004年7月

生词 *New words*

1.	认识	动	rènshi	to meet；to know
2.	高兴	形	gāoxìng	happy
3.	来	动	lái	(used before a verb, indicating an intended action)
4.	介绍	动	jièshào	to introduce
5.	一下儿		yí xiàr	(indicates that an action is brief, slight)
6.	是	动	shì	to be
7.	学习	动、名	xuéxí	to learn；learning
8.	汉语	名	Hànyǔ	Chinese language

9. 班	名、量	bān	class
10. 的	助	de	of
11. 学生	名	xuésheng	student
12. 这	代	zhè	this
13. 我们	代	wǒmen	we；us
14. 那	代	nà	that
15. 朋友	名	péngyou	friend
16. 和	介、连	hé	and
17. 人	名	rén	people
18. 教室	名	jiàoshì	classroom
19. 大	形	dà	big
20. 新	形	xīn	new
21. 同学	名	tóngxué	classmate
22. 厚	形	hòu	thick
23. 漂亮	形	piàoliang	pretty；beautiful
24. 极了		jí le	extremely
25. 女儿	名	nǚ'ér	daughter
26. 聪明	形	cōngming	clever
27. 可爱	形	kě'ài	lovely
28. 看	动	kàn	to look
29. 帅	形	shuài	handsome
30. 小 *	形、头	xiǎo	small；little；(a prefix showing endearment for young people)

专名　Proper names

1. 德国	Déguó	Germany
2. 法国	Fǎguó	France
3. 韩国	Hánguó	Korea

4. 保罗	Bǎoluó	Paul
5. 西蒙	Xīméng	Simon
6. 李英男	Lǐ Yīngnán	name of a person

说明：加 * 号的词出现在练习中

Note：The word with an asterisk appears in Exerices

课文 Text

1 Bǎoluó：Nǐmen hǎo, rènshi nǐmen hěn gāoxìng. Wǒ lái jièshào yí
保罗：你们 好，认识 你们 很 高兴。我 来 介绍 一

xiàr, wǒ shì Déguó liúxuéshēng Bǎoluó, wǒ xuéxí
下儿,[1] 我 是 德国 留学生 保罗，我 学习

Hànyǔ. Wǒ shì A bān de xuēsheng. Zhè shì wǒmen de
汉语。我 是 A 班 的 学生。 这 是 我们 的

lǎoshī, nà shì wǒ péngyou Xīméng hé Lǐ Yīngnán, tāmen yě
老师，那 是 我 朋友 西蒙 和 李英男，他们 也

shì liúxuéshēng. Tāmen dōu bú shì Déguórén, Xīméng shì
是 留学生。 他们 都 不 是 德国人，西蒙 是

Fǎguórén, Lǐ Yīngnán shì Hánguórén.
法国人，李 英男 是 韩国人。

2 Bǎoluó：Zhè shì wǒmen de jiàoshì. wǒmen de jiàoshì bú dà. Zhè shì
保罗：这 是 我们 的 教室。我们 的 教室 不 大。这 是

wǒ de Hànyǔ shū. wǒ de shū hěn xīn. Nà bú shì wǒ de
我 的 汉语 书。我 的 书 很 新。那 不 是 我 的

cídiǎn, nà shì wǒ tóngxué de cídiǎn, tā de cídiǎn hěn hòu.
词典，那 是 我 同学 的 词典，他 的 词典 很 厚。

3 Bǎoluó：Zhè shì wǒ bàba. Zhè shì wǒ māma. Zhè shì wǒ àiren.
保罗：这 是 我 爸爸。这 是 我 妈妈。这 是 我 爱人，

tā piàoliang jí le. Zhè shì wǒmen de nǚ'ér, tā hěn
她 漂亮 极了。 这 是 我们 的 女儿， 她 很

cōngming, yě hěn kě'ài. Nǐmen kàn, zhè shì wǒ, hěn shuài.
聪明， 也 很 可爱。 你们 看，这 是 我， 很 帅。

注释 Notes

[1] 我来介绍一下儿。

给别人介绍时的常用语。"来"用在另一个动词前面，表示要做某件事。

It is commonly used while introducing people to each other. The verb "来" preceding another verb indicates that one is about to do something.

语法 Grammar

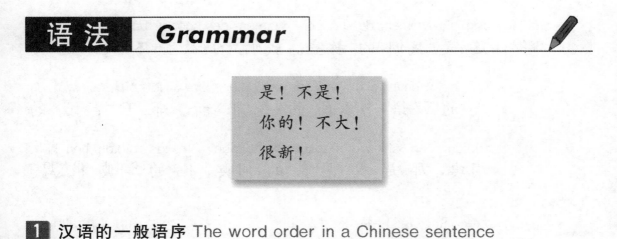

是！不是！
你的！不大！
很新！

1 汉语的一般语序 The word order in a Chinese sentence

汉语句子一般可以分为主语部分和谓语部分,这两部分的主要成分分别是主语和谓语。主语在前,谓语在后。主语的主要成分常常是名词或代词,谓语的主要成分常常是动词、形容词。例如:

A Chinese sentence is usually composed of the subject part in which the main element is the subject, and the predicate part in which the main element is the predicate. The subject precedes the predicate. The subject is often a noun or a pronoun. The predicate is often a verb or an adjective, e. g.

1. 保罗是留学生。　　　　2. 我学习汉语。

3. 她很漂亮。

这三个句子中的"保罗"、"我"、"她"是主语,"是"、"学习"、"漂亮"是谓语主要成分。第 1、2 句中的"学生"、"汉语"是宾语;第 3 句中副词"很"作状语,修饰形容词谓语"漂亮"。

In the three sentences above, "保罗", "我" and "她" are the subjects. "是", "学习" and "漂亮" are the predicates. In the first and the second sentences, " 学生 " and " 汉语 " are objects; In the third sentence, the adverb "很" functions as an adverbial adjunct to qualify the adjective predicate "漂亮".

练习 Exercises

连词成句 Make a sentence using the given words

1. 这　笔　是　_____。

2. 书　新　很　_____。

3. 韩国人　他　是　_____。

2 "是"字句(一)　"是" sentence type (1)

"是"字句是用"是"作谓语的句子。动词"是"后面的宾语是说明主语的。否定形式是在"是"前加否定副词"不"。例如:

A sentence in which the predicate is "是" is known as a "是" sentence. The object after the verb "是" is used to explain the subject. The affirmative form of a "是" sentence is "subject ＋ 是 ＋ object". A "是" sentence becomes negative when a "不" is put before "是", e. g.

1. 我是留学生。　　　　2. 这是词典。

3. 他不是留学生。　　　4. 那不是词典。

练 习 Exercises

根据图示用"是"或"不是"填空 Fill in the blanks with "是" or "不是" according to the pictures

1

她＿＿＿留学生，＿＿＿老师。

2

这＿＿＿啤酒，＿＿＿矿泉水。

3

这＿＿＿词典，＿＿＿汉语书。

3 定语和结构助词"的" The attributive and the structural particle "的"

定语主要是修饰名词的。被修饰的成分叫中心语，名词、代词、形容词、数量词等都可以作定语。定语要放在中心语前边。例如：

An attributive is an element mainly qualifying a noun. What it qualifies is called the qualified word. Nouns, pronouns, adjectives and numerals etc. can all be used as attributives, which must precede what they qualify, e. g.

法国学生　　　　汉语书

代词、名词作定语表示领属关系时，后面要加结构助词"的"。例如：

When a noun or a pronoun is used as an attributive to show possession, the structural particle "的" must be inserted between the attributive and what it qualifies, e. g.

我的书　　　　保罗的词典

如果代词所修饰的中心语是指亲友或所属单位时,可以不用"的"。例如:

But if the word which the personal pronoun modifies refers to a family or friendship relation or a unit to which the person denoted by the pronoun belongs, the personal pronoun usually does not take a "的" after it, e. g.

我爸爸　　　　我朋友　　　我们班

如果名词定语是说明中心语的性质的,一般也不用"的"。例如:

When a noun is used attributively to indicate the characteristic or quality of the object denoted by the word it qualifies, it usually doesn't take a "的" after it, e. g.

汉语书　　　　　德国人

练习 Exercises

根据图示填上定语(注意"的"的用法) Fill in the blanks with proper attributives according to the pictures (paying attention to the usage of "的")

1

这是_____书。

2

这不是_____教室。

4 形容词谓语句 Sentences with an adjectival predicate

谓语主要成分是形容词的句子就是形容词谓语句。汉语的形容词谓语句,谓语里不用动词"是"。例如:

A sentence in which the main element of the predicate is an adjective is known as a sentence with an adjectival predicate. In such a sentence the verb "是" is not necessarily used in the predicate, e. g.

1. 她很聪明。　　　　　　2. 我的书很新。

在肯定的陈述句里,简单的谓语形容词前常用副词"很"。这里"很"表示程度的意义已弱化。如果单独用形容词作谓语,就带有比较的意思,一般用在对比的句子里。例如：

In affirmative sentences of this type，the simple predicative adjective is usually preceded by the adverb "很". But "很" doesn't indicate degree as it does elsewhere. And without adverbial modifiers of any kind，the adjective often implies comparison. It is usually used in comparison sentences，e. g.

3. 我们班的教室大，他们班的教室小*。

形容词谓语句的否定形式是在形容词前加上副词"不"。例如：

The negative form of this type of sentences is obtained by putting the adverb "不" before the adjective，e. g.

4. 我们的教室不大。　　　　　　5. 她不漂亮。

练习 Exercises

用所学过的形容词对图中人或物进行描述 Describe the pictures with the adjectives you have learned

综合练习 **Comprehensive Exercises**

1 用你学过的句式进行介绍描述 Make an introduction or description using the sentence patterns you have learned

1 介绍一下你自己和你周围的人或物 Introduce youself and people or objects around you

2 描述一下图片中的人或物 Describe the people or objects in the pictures

1   **2**   **3**

2 听一听,找一找,说一说   Listen, find and speak

你身体好吗

生词 New words

1.	最近	名	zuìjìn	recently
2.	身体	名	shēntǐ	health; body
3.	比较	副	bǐjiào	quite; relatively
4.	成绩	名	chéngjì	score
5.	马马虎虎		mǎmǎhūhū	so-so
6.	努力	形	nǔlì	hard
7.	非常	副	fēicháng	very
8.	太	副	tài	very; too
9.	里	名	lǐ	in
10.	有	动	yǒu	to have; there be
11.	没（有）	动、副	méi(yǒu)	not to have; there be not; have not or did not
12.	空调	名	kōngtiáo	air-conditioner
13.	同屋	名	tóngwū	roommate
14.	离	介	lí	from (indicating an interval of space or time)
15.	远	形	yuǎn	far

16.	近	形	jìn	near
17.	学校	名	xuéxiào	school
18.	多	形	duō	many; much
19.	挺	副	tǐng	quite
20.	怎么样	代	zěnmeyàng	what about...
21.	不错	形	búcuò	not bad
22.	头发*	名	tóufa	hair
23.	长*	形	cháng	long
24.	眼睛*	名	yǎnjing	eye
25.	个子*	名	gèzi	height
26.	高*	形	gāo	tall; high
27.	电视*	名	diànshì	TV

专名 Proper names

1.	中国	Zhōngguó	China
2.	莉莉*	Lìli	Lily

课文 **Text**

1

Zhōngguó péngyou: Zuìjìn nǐ shēntǐ hǎo ma?
中国 朋友: 最近你身体好吗?

Xīméng: Wǒ shēntǐ hěn hǎo.
西蒙: 我身体很好。

Zhōngguó péngyou: Nǐ xuéxí máng ma?
中国 朋友: 你学习忙吗?

Xīméng: Wǒ xuéxí bǐjiào máng.
西蒙: 我学习比较忙。

Zhōngguó péngyou: Nǐ chéngjì hǎo ma?
中国 朋友: 你成绩好吗?

Xīméng： Mǎmǎhūhū.
西蒙： 马马虎虎。

Zhōngguó péngyou： Nǐmen bān tóngxué xuéxí nǔlì ma?
中国　朋友： 你们 班 同学 学习 努力 吗?

Xīméng： Tāmen xuéxí fēicháng nǔlì.
西蒙： 他们 学习 非常 努力。

2

Zhōngguó péngyou： Nǐ de sùshè dà bu dà?
中国　朋友： 你 的 宿舍 大 不 大?

Xīméng： Wǒ de sùshè bú tài dà.
西蒙： 我 的 宿舍 不 太 大。

Zhōngguó péngyou： Sùshè li yǒu méiyǒu kōngtiáo?
中国　朋友： 宿舍 里 有 没有 空调?

Xīméng： Sùshè li yǒu kōngtiáo.
西蒙： 宿舍 里 有 空调。

Zhōngguó péngyou： Nǐ yǒu méiyǒu tóngwū?
中国　朋友： 你 有 没有 同屋?

Xīméng： Wǒ méiyǒu tóngwū.
西蒙： 我 没有 同屋。

Zhōngguó péngyou： Nǐ de sùshè lí jiàoshì yuǎn bu yuǎn?
中国　朋友： 你 的 宿舍 离 教室 远 不 远?

Xīméng： Wǒ de sùshè lí jiàoshì hěn jìn.
西蒙： 我 的 宿舍 离 教室 很 近。

3

Zhōngguó péngyou： Nǐmen xuéxiào liúxuéshēng duō bu duō?
中国　朋友： 你们 学校 留学生 多 不 多?

Xīméng： Wǒmen xuéxiào liúxuéshēng tǐng duō de.
西蒙： 我们 学校 留学生 挺 多 的。[1]

Zhōngguó péngyou: Nǐmen xuéxiào shítáng zěnmeyàng?

中国　　朋友：　你们　学校　食堂　怎么样？[2]

Xīméng: Wǒmen xuéxiào shítáng búcuò.

西蒙：　　　　我们　学校　食堂　不错。

注 释　Notes

[1] 我们学校留学生挺多的。

"挺……的"或"挺……"，意思相当于"很……"。

"挺…的" or "挺…" means "很…".

[2] 你们学校食堂怎么样？

"怎么样"是疑问代词，可以用来询问状况或征求别人的意见、看法。

"怎么样" is an interrogative pronoun. It can be used to ask about situations or inquire about other people's opinion.

语 法　*Grammar*

吗？

有 没 有？大 不 大？

我 身 体 很 好！

 主谓谓语句 Sentence with a "subject-predicate" predicate

　　主谓结构作谓语的句子叫主谓谓语句。它的否定形式一般是在主谓结构中的谓语前加否定副词"不"等。例如：

A sentence in which a subject-predicate construction functions as the main element of the predicate is called a sentence with a "subject-predicate" predicate. The sentences of this type are made negative by putting the negative adverb "不" before the predicates of "subject - predicate" constructions，e. g.

1. 我身体很好。

2. 他学习不太努力。

3. 我们学校留学生挺多的。

注意："我身体很好"跟"我的身体很好"的意思差不多，但前者比后者更常
　　　用。

NB："我身体很好"and "我的身体很好" have similar meaning，but the former expression is more
often used than the latter.

练习 Exercises

看图回答或描述 Give answers or description according to the pictures

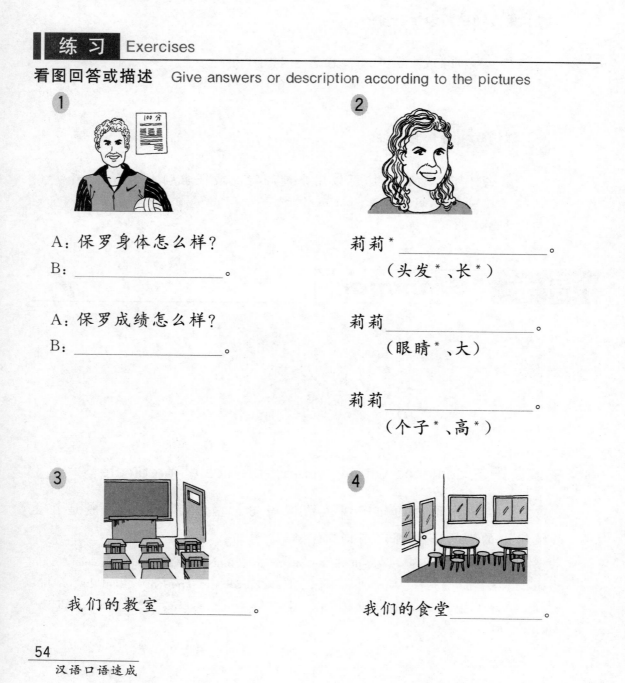

① A：保罗身体怎么样？

B：_____。

A：保罗成绩怎么样？

B：_____。

② 莉莉*_____。

（头发*、长*）

莉莉_____。

（眼睛*、大）

莉莉_____。

（个子*、高*）

③ 我们的教室_____。

④ 我们的食堂_____。

2 疑问句（1） Questions（1）

疑问句的提问方法是在陈述句的句尾加上语气助词"吗"。例如：

When the interrogative particle "吗" is added at the end of a declarative sentence, it becomes a general question, e. g.

1. 你们是留学生吗？
2. 你学习努力吗？
3. 她漂亮吗？

3 正反疑问句 Affirmative-negative questions

正反疑问句是另一种提问题的方法。将谓语主要成分（动词或形容词）的肯定形式和否定形式并列起来，就可以构成正反疑问句。正反疑问句跟用"吗"提问的一般疑问句作用一样。例如：

An affirmative-negative question is another form of question made by juxtaposing the affirmative and negative forms of the main element of the predicate（the predicative verb or adjective）. Such a question has the same function as a general question with the interrogative particle "吗", e. g.

1. 你的宿舍大不大？
2. 他们是不是留学生？
3. 他学习努力不努力？

练习 Exercises

看图对话 Make a dialogue according to each picture

1

A：＿＿＿＿＿＿？（吗）

B：＿＿＿＿＿＿。

2

A：＿＿＿＿＿＿？（吗）

B：＿＿＿＿＿＿。

3

A：_____？

（多，……不……）

B：_____。

4

A：_____？

（远，……不……）

B：_____。

4 "有"字句 "有" sentences

动词"有"作谓语主要成分的句子常表示领有。它的否定形式是"没有"（而不是"不"）。正反疑问句则为"……有没有……"。例如：

A "有" sentence is a sentence in which the verb "有" denoting possession functions as the main element of the predicate. Such a sentence is made negative by preceding "有" with "没" (and never with "不"). "有没有…" is used to build an affirmative - negative question with "有". e. g.

1. 我们学校有很多留学生。

2. 我没有同屋。

3. 宿舍里有没有空调？

练习 Exercises

看图进行替换练习 Do substitution drills according to each picture

1

A：宿舍里有电视*吗？

B：有。

2

A：莉莉有姐姐吗？

B：没有。

综合练习 **Comprehensive Exercises**

1 会话练习 Conversation exercise

朋友见面,互相询问对方身体、学习、生活等方面的情况。

Inquire each other about health, studing, living, etc. when friends meet.

2 选用下面的副词和形容词描述一个人或一个地方 Describe a person

or a place by using some of the following adverbs and adjectives

非常	
很	
挺……的	
比较	
不太	
极了	

大	聪明
小	漂亮
远	帅
近	高
多	马马虎虎
好	不错

3 听一听、找一找、说一说 Listen, find and speak

谁是保罗?

你是哪国人

个人档案 (Personal Information)		
姓名 (Name)	保罗	
年龄 (Age)	36	
职业 (Profession)	中学教师	
国籍 (Nationality)	德国	
地址 (Address)	北京语言大学 7号楼109房间	
电话 (Telephone)	82307531	

生词 New words

1. 哪	代	nǎ	which
2. 国	名	guó	country
3. 叫	动	jiào	to call
4. 名字	名	míngzi	name
5. 贵	形	guì	honourable (polite way of asking people's surname)
6. 姓	动、名	xìng	surname
7. 几	数	jǐ	how many
8. 位	量	wèi	(a measure word for respected persons)
9. 教	动	jiāo	to teach
10. 住	动	zhù	to live
11. 号	名、量	hào	number

12.	房间	名	fángjiān	room
13.	电话	名	diànhuà	telephone
14.	号码	名	hàomǎ	number
15.	每	代	měi	every
16.	天	名	tiān	day
17.	下午	名	xiàwǔ	afternoon
18.	做	动	zuò	to do
19.	有时候		yǒushíhou	sometimes
20.	休息	动	xiūxi	to rest
21.	常常	副	chángcháng	often
22.	跟	介、连	gēn	with; and
23.	谁	代	shuí	who; whom
24.	一起	副	yìqǐ	together
25.	睡觉 *		shuì jiào	to sleep
26.	这儿 *	代	zhèr	here
27.	晚上 *	名	wǎnshang	evening

专名 Proper names

1.	王		Wáng	(a Chinese surname)
2.	北京语言大学		Běijīng Yǔyán Dàxué	Beijing Language and Culture University
3.	小雨 *		Xiǎoyǔ	(name of a person)
4.	张 *		Zhāng	(a Chinese surname)

课文　Text

1

Wáng lǎoshī: Nǐ shì nǎ guó rén?
王　老师：你 是 哪 国 人？

Bǎoluó: Wǒ shì Déguórén.
保罗： 我 是 德国人。

Wáng lǎoshī: Nǐ jiào shénme míngzi?
王 老师： 你 叫 什么 名字？

Bǎoluó: Wǒ jiào Bǎoluó. Qǐng wèn, nín guì xìng?
保罗： 我 叫 保罗。请 问，您 贵 姓？[1]

Wáng lǎoshī: Wǒ xìng Wáng.
王 老师： 我 姓 王。

2

Wáng lǎoshī: Nǐ xuéxí shénme?
王 老师： 你 学习 什么？

Bǎoluó: Wǒ xuéxí Hànyǔ.
保罗： 我 学习 汉语。

Wáng lǎoshī: Nǐ zài nǎr xuéxí?
王 老师： 你 在 哪儿 学习？

Bǎoluó: Wǒ zài Běijīng Yǔyán Dàxué xuéxí.
保罗： 我 在 北京 语言 大学 学习。

Wáng lǎoshī: Nǐmen bān yǒu duōshao xuésheng?
王 老师： 你们 班 有 多少 学生？

Bǎoluó: Wǒmen bān yǒu shíwǔ ge xuésheng.
保罗： 我们 班 有 十五 个 学生。

Wáng lǎoshī: Jǐ wèi lǎoshī jiāo nǐmen?
王 老师： 几 位 老师 教 你们？

Bǎoluó: Sān wèi lǎoshī jiāo wǒmen.
保罗： 三 位 老师 教 我们。

3

Wáng lǎoshī: Nǐ zhù nǎr?
王 老师： 你 住 哪儿？

Bǎoluó: Wǒ zhù liúxuéshēng sùshè.
保罗: 我 住 留学生 宿舍。

Wáng lǎoshī: Nǐ zhù jǐ hào lóu?
王 老师: 你 住 几 号 楼?

Bǎoluó: Wǒ zhù qī hào lóu.
保罗: 我 住 七 号 楼。

Wáng lǎoshī: Nǐ de fángjiān shì duōshao hào?
王 老师: 你 的 房间 是 多少 号?

Bǎoluó: Wǒ de fángjiān shì yāo líng jiǔ hào.[2]
保罗: 我 的 房间 是 １０９号。

Wáng lǎoshī: Nǐ de diànhuà hàomǎ shì duōshao?
王 老师: 你 的 电话 号码 是 多少?

Bǎoluó: Wǒ de diànhuà hàomǎ shì bā èr sān líng qī wǔ sān yāo.
保罗: 我 的 电话 号码 是 ８２３０７５３１。

4

Wáng lǎoshī: Měi tiān xiàwǔ nǐ zuò shénme?
王 老师: 每 天 下午 你 做 什么?

Bǎoluó: Yǒushíhou zài sùshè xiūxi, yǒushíhou qù túshūguǎn
保罗: 有时候 在 宿舍 休息, 有时候 去 图书馆

xuéxí.
学习。[3]

Wáng lǎoshī: Nǐ chángcháng gēn shuí yìqǐ xuéxí?
王 老师: 你 常常 跟 谁 一起 学习?

Bǎoluó: Wǒ gēn wǒ de Zhōngguó péngyou yìqǐ xuéxí.
保罗: 我 跟 我 的 中国 朋友 一起 学习。

注 释 Notes

[1] 您贵姓？

"您贵姓"是询问对方姓氏的一种客气问法。答句通常为"我姓×"，不能回答"我贵姓×"。另外，此句不用来对第三者提问，即不说"他贵姓？"

"您贵姓" is a polite way of asking someone's surname. The answer to it is usually "我姓…", instead of "我贵姓…". Moreover, this kind of sentence can't be used to ask questions to other part, nor can one say "他贵姓".

[2] yāo líng jiǔ

在房间号码、电话号码等中间，数字"1"通常读作 yāo。

The numeral "1" is usually read as "yāo" in room number or telephone number, etc.

[3] 有时候去图书馆学习。

汉语中如果几个连用的动词（或动词结构）共有一个主语，这样的句子叫连动句。连用的动词结构顺序是固定的。本课的这种连动句，后一动词是前一动词所表达的动作的目的。

In Chinese, a sentence with verbal constructions in series is a sentence in which the predicate consists of more than one verb (or verbal construction) sharing the same subject. In a sentence of this type, the verbs or verbal constructions follow a definite and unalterable order. Sentences of this type fall into several kinds. This kind covered in the lesson includes sentences having in their predicate two verbs, the second of which denotes the purpose of the action expressed by the first.

语 法 Grammar

什么？哪儿？
哪？多少？几？
谁？

1 疑问句(2) Questions (2)

用"谁、什么、哪、哪儿、几、多少"一类疑问代词提问，即构成特指疑问句。疑问代词不改变汉语句子的词序。例如：

The questions of this type are such ones in which one asks questions with interrogative pronouns such as "谁，什么，哪，哪儿，几，多少"，etc. The questions have the same word order as that of declarative sentences，e.g.

1. 这是书。 → 这是什么？
2. 我是美国人。 → 你是哪国人？
3. 我在北京大学学习。 → 你在哪儿学习？
4. 他是我朋友。 → 他是谁？
5. 我看书 。 → 你看什么？

练习 Exercises

就答句中的划线部分提问 Ask questions about the underlined parts

1

A：＿＿＿＿＿＿＿？

B：这是词典。

2

A：＿＿＿＿＿＿＿？

B：她是我同屋。

3

A: _____?

B: 我去<u>邮局</u>。

4

A: _____?

B: 我叫<u>小雨</u>*。

A: _____?

B: 我姓<u>张</u>*。

5

A: _____?

B: 他是<u>法国</u>人。

6

A: _____?

B: 她在<u>图书馆学习</u>。

A: _____?

B: 他在<u>房间睡觉</u>*。

7

A: _____?

B: 我说"<u>这儿</u>*<u>离天安门比较远</u>。"

2 数量短语作定语 Numeral-measure phrases as attributive

在现代汉语中，数词一般不能单独作名词的定语，中间必须加量词。例如：

In modern Chinese, a numeral alone can't function as an attributive but must be combined with a measure word inserted between the numeral and the noun it modifies, e. g.

1. 我有一个姐姐。
2. 他们班有三位老师。
3. 她买一本词典。
4. 我喝一杯牛奶。

名词都有自己特定的量词，不能随便组合。我们已学过的量词有"个"、"本"、"瓶"、"杯"、"位"等。"个"使用范围较广，可以用于指人、物、单位等名词之前；"位"用于指人的名词前，含敬意；"本"通常用在书籍一类的名词前。"瓶"、"杯"分别用于表示以瓶或杯作为容器的物品的名词前。

In Chinese, every noun has its specific measure word and can't go freely with others. We have already learned the measure words "个"，"本"，"瓶"，"杯"，"位"，"个" is the most extensively used. It can be placed before a noun denoting a person, a thing or a unit. "位" is placed before a noun denoting a person, implying honor. "本" is placed before nouns denoting books and such like. "瓶" and "杯" are used respectively before nouns denoting things contained in bottles or glasses.

练习 Exercises

用"个"、"位"、"本"、"瓶"、"杯"填空 Fill in blanks with "个"，"位"，"本"，"瓶"，"杯"

1. 一 ____ 学生
2. 两 ____ 书
3. 三 ____ 哥哥
4. 四 ____ 词典
5. 五 ____ 老师
6. 六 ____ 矿泉水
7. 七 ____ 牛奶
8. 八 ____ 朋友

3 "几"和"多少" "几" and "多少"

"几"和"多少"都是用来提问数目的。如果估计数目在"10"以下，一般用"几"提问；"多少"可以用来提问任何数目。

"几" and "多少" are both used to ask about numbers. "几" is usually used with respect to a number smaller than ten. "多少" can be used for any number.

"几"替代的是数词,所以在"几"和它修饰的名词之间要加上量词; "多少"的后面可以加量词,也可以不加量词。例如:

"几" takes the place of numerals, so there must be a measure word between "几" and the noun it qualifies. "多少" can be used with or without a measure word, e. g.

1. 几位老师教你们?　　　　2. 你们班有多少(个)学生?

3. 你的电话号码是多少?

练习 Exercises

根据图示完成会话 Complete the dialogues according to the pictures

1

A:小雨有＿＿＿＿妹妹?

B:小雨有＿＿＿＿妹妹。

2

A:办公室里有＿＿＿＿老师?

B:办公室里有＿＿＿＿老师。

3

A:他的房间是＿＿＿＿?

B:他的房间是＿＿＿＿。

4

A:莉莉有＿＿＿＿词典?

B:莉莉有＿＿＿＿词典。

5

A：他的电话号码是_____？

B：_____。

4 介词结构 The prepositional construction

介词"在"、"跟"等与它的宾语组成介词结构，常用在动词前边作状语。例如：

The preposition "在" or "跟" etc. and their objects form a prepositional construction that is usually used before the predicative verb as an adverbial adjunct，e. g.

    1. 我在北京大学学习。

    2. 他跟我一起去教室。

不能说"他学习在北京大学"。

The prepositional construction "在" or "给" never comes after the verb it qualifies and it is incorrect to say "他学习在北京大学".

练 习 Exercises

连词成句 Form a sentence with the given words

1. 在　　我　　房间　　休息　　下午

2. 他　　宿舍　　电视　　看　　在　　晚上*

3. 保罗　　朋友　　跟　　一起　　啤酒　　喝

4. 莉莉　　同屋　　跟　　书店　　去　　一起

综合练习 **Comprehensive Exercises** ✎

1 根据所给材料组织会话 Make a dialogue according to the given information

1

> 朴英子(Piáo Yīngzǐ, a person's name)是韩国人,在北京大学学习汉语,她们班有十二个学生,五个男学生,七个女学生。两位老师教他们。朴英子学习很努力,成绩挺不错。
>
> 朴英子住在留学生宿舍,她的房间是 205 号,她的电话号码是 62752114。

会话题目 Topic:你是哪国人?

会话角色 Roles:朴英子和一个中国学生

2

> A 先生今天(jīntiān, today)去看电影(diànyǐng, film)。这个电影是中国电影,电影的名字叫《你好!北京》。他跟他的中国朋友一起去。
>
> A 的同屋 B 下午去商店,他要买巧克力(qiǎokèlì, chocolate)。他不喜欢(xǐhuan, to like)吃巧克力,他的女朋友(nǚ péngyou, girl friend)喜欢吃巧克力。

会话题目 Topic：今天下午你做什么？

会话角色 Roles：A 和 B。

2 听后填空　Listen to the recording and fill in the blanks

姓名(name)：　　田中太郎

国籍(nationality)：＿＿＿＿＿＿＿

职业(profession)：＿＿＿＿＿＿＿

住址(address)：＿＿＿＿＿＿＿

电话(telephone)：＿＿＿＿＿＿＿

你家有几口人

生词 New words

1.	想	动	xiǎng	to miss；to think
2.	当然	副	dāngrán	of course
3.	家	名	jiā	home；family
4.	口	量、名	kǒu	(a measure word for people)；mouth
5.	兄弟	名	xiōngdì	brother
6.	姐妹	名	jiěmèi	sister
7.	独生女	名	dúshēngnǚ	only daughter
8.	工作	动、名	gōngzuò	to work；work；job
9.	父亲	名	fùqin	father
10.	母亲	名	mǔqin	mother
11.	医生	名	yīshēng	docter

12.	公司	名	gōngsī	company
13.	职员	名	zhíyuán	staff member
14.	记者	名	jìzhě	journalist
15.	名片	名	míngpiàn	name card
16.	父母	名	fùmǔ	parents
17.	今年	名	jīnnián	this year
18.	多	副	duō	over
19.	年纪	名	niánjì	age
20.	岁	量	suì	year (of age)
21.	秘密	名、形	mìmì	secret
22.	孩子	名	háizi	child; children
23.	儿子	名	érzi	son
24.	真	副	zhēn	very
25.	售货员*	名	shòuhuòyuán	shop assistant
26.	经理*	名	jīnglǐ	manager
27.	司机*	名	sījī	driver
28.	爷爷*	名	yéye	grandfather
29.	奶奶*	名	nǎinai	grandmother

专名 Proper names

1.	小叶	Xiǎoyè	(name of a person)
2.	直美	Zhíměi	(name of a person)

课文 Text

1

Xiǎoyè: Zhíměi, nǐ xiǎng bu xiǎng jiā?
小叶：直美，你想不想家？

Zhíměi: Dāngrán xiǎng.
直美：当然想。

Xiǎoyè: Nǐ jiā yǒu jǐ kǒu rén?
小叶： 你 家 有 几 口 人？

Zhíměi: Wǒ jiā yǒu wǔ kǒu rén.
直美： 我 家 有 五 口 人。

Xiǎoyè: Nǐ jiā yǒu shénme rén?
小叶： 你 家 有 什么 人？

Zhíměi: Bàba、 māma、 liǎng ge gēge hé wǒ. Nǐ yǒu méiyǒu xiōngdì
直美： 爸爸、 妈妈、 两 个 哥哥 和 我。 你 有 没有 兄弟

jiěmèi?
姐妹？

Xiǎoyè: Wǒ méiyǒu xiōngdì jiěmèi, wǒ shì dúshēngnǚ.
小叶： 我 没有 兄弟 姐妹，我 是 独生女。

2

Xiǎoyè: Nǐ fùqin zài nǎr gōngzuò?
小叶： 你 父亲 在 哪儿 工作？

Zhíměi: Tā zài yīyuàn gōngzuò, tā shì yīshēng.
直美： 他 在 医院 工作，他 是 医生。

Xiǎoyè: Nǐ mǔqin ne?
小叶： 你 母亲 呢？

Zhíměi: Tā bù gōngzuò.
直美： 她 不 工作。

Xiǎoyè: Liǎng ge gēge zuò shénme gōngzuò?
小叶： 两 个 哥哥 做 什么 工作？

Zhíměi: Tāmen dōu shì gōngsī zhíyuán. Nǐ shì zuò shénme gōngzuò de?
直美： 他们 都 是 公司 职员。 你 是 做 什么 工作 的？

Xiǎoyè: Wǒ shì jìzhě, zhè shì wǒ de míngpiàn.
小叶： 我 是 记者，这 是 我 的 名片。

3

Xiǎoyè： Nǐ fùmǔ jīnnián duō dà niánjì?
小叶： 你 父母 今年 多 大 年纪？

Zhíměi： Wǒ fùqin jīnnián liùshí suì, wǒ mǔqin jīnnián wǔshíbā.
直美： 我 父亲 今年 六十 岁，我 母亲 今年 五十八。[1]

Xiǎoyè： Nǐ gēge jīnnián duō dà?
小叶： 你 哥哥 今年 多 大？

Zhíměi： Dà gē sānshí'èr, èr gē èrshíjiǔ.
直美： 大 哥 三十二，二 哥 二十九。[2]

Xiǎoyè： Nǐ ne?
小叶： 你 呢？

Zhíměi： Zhè shì mìmì.
直美： 这 是 秘密。

4

Xiǎoyè： Zhè shì shuí de háizi?
小叶： 这 是 谁 的 孩子？

Zhíměi： Zhè shì wǒ dà gē de érzi.
直美： 这 是 我 大 哥 的 儿子。

Xiǎoyè： Jīnnián jǐ suì?
小叶： 今年 几 岁？

Zhíměi： Jīnnián wǔ suì.
直美： 今年 五 岁。

Xiǎoyè： Zhè háizi zhēn kě'ài.
小叶： 这 孩子 真 可爱。[3]

注 释　Notes

[1] 我母亲今年五十八。

在这里，数量词"五十八"直接作谓语。当上下文内容明确时，"……岁"中的"岁"可以省略。但是，如果是"十岁"以下，"岁"不能省略。

In this sentence, the numeral "五十八" functions as the predicate. When the context is clear, "岁" in "……岁" can be omitted. But if the age mentioned is inferior to ten, "岁" can't be omitted.

[2] 大哥三十二, 二哥二十九。

"大哥（大姐）"是对家中最年长的哥哥（姐姐）的称呼。其次为"二哥（二姐）"。以此类推。

"大哥（大姐）" is used to address the eldest brother (sister) in a family. "二哥（二姐）" is used to address the second eldest one, on the analagy of this.

[3] 这孩子真可爱。

指示代词"这"、"那"后可直接跟名词。

The demonstrative pronouns "这" and "那" can be directly followed by nouns.

语 法　*Grammar*

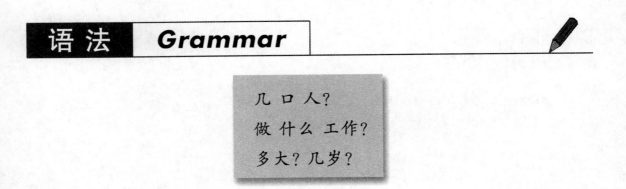

几口人？

做什么工作？

多大？几岁？

1 询问家庭人口 Asking about the number of people in a family

在汉语中，"几口人"用来询问家庭人口。其他场合询问人数时，量词要用"个"。例如：

In Chinese, "几口人" is used to ask about the number of people in a family. In other occasions, when the number of people is asked, the measure word "个" should be used, e. g.

　　1. 你家有几口人？　　　　　2. 他家有几口人？

练习 Exercises

看图进行问答（询问家庭人口） Make questions according to the pictures, then give answers (ask about the number of people in a family)

我哥哥家

王老师家

我姐姐家

A: _____ ?　　A: _____ ?　　A: _____ ?

B: _____ 。　　B: _____ 。　　B: _____ 。

---

2 询问职业 Asking about professions

在汉语中，一般用"……做什么工作？"或"……是做什么工作的？"来询问职业，答句通常为"……是……"。例如：

In Chinese, when asking about professions, one usually used "…做什么工作？" or "…是做什么工作的？". The answer to it is "…是…", e. g.

　　1. A：他做什么工作？　　　　B：他是大夫。

　　2. A：你是做什么工作的？　　B：我是记者。

练习 Exercises

看图进行问答（询问职业） Make questions according to the pictures, then give answers (ask about professions)

售货员*　　　　　　经理*　　　　　　司机*

A:＿＿＿＿＿？　　A:＿＿＿＿＿？　　A:＿＿＿＿＿？

B:＿＿＿＿＿。　　B:＿＿＿＿＿。　　B:＿＿＿＿＿。

3　询问年纪 Asking about ages

　　在汉语中，询问年长的人的年龄时，一般用"您多大年纪？"；询问十岁以内的小孩子的年龄时，一般用"你几岁？"；询问成年人的年龄时，常用"你多大？"。例如：

In Chinese, when asking about people's ages, one can use "您多大年纪？" for the elder, "你几岁？" for the children who are less than ten years old and "你多大？" for adults, e. g.

　　1. 你爷爷*今年多大年纪？

　　2. 你儿子今年几岁？

　　3. 你今年多大？

练习 Exercises

看图进行问答（询问年纪） Make questions according to the pictures，then give answers（ask about age）

小叶的爷爷*和奶奶*　　　　直美的哥哥　　　　　保罗的女儿

A:_____?　　A:_____?　　A:_____?

B:_____。　　B:_____。　　B:_____。

综合练习 **Comprehensive Exercises**

1 根据所给材料组织会话 Make dialogues according to the given information

1

北京新安书店
张明　经理
电话:82303177

北京语言大学医院
李朋　医生
电话:63096432

会话题目 Topic：您在哪儿工作？

会话角色 Roles：张明和李朋

2

> 　　王小朋今年五岁,他家有四口人,爸爸、妈妈、弟弟和他。他爸爸今年三十五岁,在公司工作,是职员。他妈妈今年三十二岁,是老师。他弟弟今年也五岁,他们是双胞胎(shuāngbāotāi,twin)。
>
> 　　王小朋喜欢(xǐhuan,like)看动画片(dònghuàpiàn,cartoon),喜欢吃冰淇淋(bīngqílín,ice-cream),喜欢喝可口可乐。王小朋每天和弟弟王小友一起去幼儿园(yòu'éryuán,kindergarten)。

会话题目 Topic：你家有几口人？

会话角色 Roles：幼儿园的老师和王小朋

2 分别对下面三张图中的人物进行介绍　Describe the people in the following pictures respectively

3 听后选择正确答案　Listen and choose the correct answer to each question

1 王老师家有几口人？

　　A. 三口人　　　　B. 四口人　　　　C. 十口人

2 王老师的爱人今年多大年纪？

　　A. 四十一岁　　　　B. 四十七岁　　　　C. 四十岁

3 王老师的大女儿是做什么工作的？

　　A. 售货员　　　　　B. 老师　　　　　　C. 大夫

4 王老师家有什么人？

　　A. 王老师、王老师的爱人、一个儿子、一个女儿

　　B. 王老师、王老师的爱人、两个儿子

　　C. 王老师、王老师的爱人、两个女儿

现在几点 10

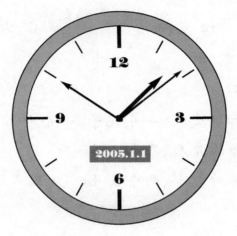

生 词 New words

1. 现在	名	xiànzài	now
2. 点	量	diǎn	o'clock
3. 刻	量	kè	quarter
4. 早饭	名	zǎofàn	breakfast
5. 半	数	bàn	half
6. 时候	名	shíhou	when
7. 上课		shàng kè	to attend class
8. 从…到		cóng…dào	from…to
9. 上午	名	shàngwǔ	morning
10. 今天	名	jīntiān	today
11. 月	名	yuè	month
12. 号（日）	名	hào(rì)	date
13. 星期	名	xīngqī	week

14.	星期天 （星期日）	名	xīngqītiān （xīngqīrì）	Sunday
15.	吧	助	ba	(a particle forming a leading question which asks for confirmation of a supposition)
16.	咱们	代	zánmen	we; us
17.	啊	助	a	(a particle used at the end of a sentence to express enthusiasm)
18.	出发	动	chūfā	to set out
19.	行	动、形	xíng	OK
20.	见面		jiàn miàn	to meet
21.	差	动	chà	less than
22.	分	量	fēn	minute
23.	门口	名	ménkǒu	entrance
24.	等	动	děng	to wait
25.	早上*	名	zǎoshang	morning
26.	起*	动	qǐ	to get up; to rise
27.	床*	名	chuáng	bed
28.	下课*		xià kè	to finish class
29.	午饭*	名	wǔfàn	lunch
30.	晚饭*	名	wǎnfàn	supper
31.	年*	名	nián	year
32.	大前天*	名	dàqiántiān	three days ago
33.	前天*	名	qiántiān	the day before yesterday
34.	昨天*	名	zuótiān	yesterday
35.	明天*	名	míngtiān	tomorrow
36.	后天*	名	hòutiān	the day after tomorrow
37.	大后天*	名	dàhòutiān	three days from now
38.	生日*	名	shēngrì	birthday

课文 | *Text*

1

Xiǎoyè: Xiànzài jǐ diǎn?
小叶：现在 几 点？

Lìli: Xiànzài qī diǎn yí kè.
莉莉：现在 七 点 一 刻。

Xiǎoyè: Nǐ jǐ diǎn chī zǎofàn?
小叶：你 几 点 吃 早饭？

Lìli: Wǒ qī diǎn bàn chī zǎofàn.
莉莉：我 七 点 半 吃 早饭。

Xiǎoyè: Nǐ shénme shíhòu shàng kè?
小叶：你 什么 时候 上 课？

Lìli: Wǒ cóng shàngwǔ bā diǎn dào shí'èr diǎn shàng kè.
莉莉：我 从 上午 八 点 到 十二 点 上 课。

2

Lìli: Jīntiān jǐ yuè jǐ hào?
莉莉：今天 几 月 几 号？

Xiǎoyè: Jīntiān qīyuè èrshí'èr hào.
小叶：今天 七月 二十二 号。

Lìli: Jīntiān xīngqī jǐ?
莉莉：今天 星期 几？

Xiǎoyè: Jīntiān xīngqīsān.
小叶：今天 星期三。

Lìli: Èrshíwǔ hào shì xīngqītiān ba?
莉莉：二十五 号 是 星期天 吧？[1]

Xiǎoyè: Èrshíwǔ hào bú shì xīngqītiān, shì xīngqīliù.
小叶：二十五 号 不 是 星期天，是 星期六。

3

Xiǎoyè: Xīngqītiān zánmen qù Yíhéyuán, zěnmeyàng?
小叶：星期天 咱们 去 颐和园，怎么样？

Lìli: Hǎo a. Shénme shíhou chūfā?
莉莉：好 啊。[2] 什么 时候 出发？

Xiǎoyè: Shàngwǔ jiǔ diǎn, xíng ma?
小叶：上午 九 点，行 吗？

Lìli: Xíng. Zánmen jǐ diǎn jiàn miàn?
莉莉：行。 咱们 几 点 见面？

Xiǎoyè: Chà wǔ fēn jiǔ diǎn, wǒ zài xuéxiào ménkǒu děng nǐ.
小叶：差 五 分 九 点，我 在 学校 门口 等 你。

注 释 Notes

[1] 二十五号是星期天吧？

　　语气助词"吧"常表示不肯定的语气。如果对某事有了一定的估计，但还不敢肯定时，就在句尾用"吧"。

The modal particle "吧" often gives the statement a tone of uncertainty. If one forms an estimation of something, and yet one is not very sure whether it is true or not, one can use "吧" at the end of the sentence.

[2] 好啊。

　　这里的"啊"是助词，读轻声，表示肯定、赞同的语气。

"啊" here is a modal particle, showing affirmation, approval or consent, and is pronounced in the neutral tone.

语法 *Grammar*

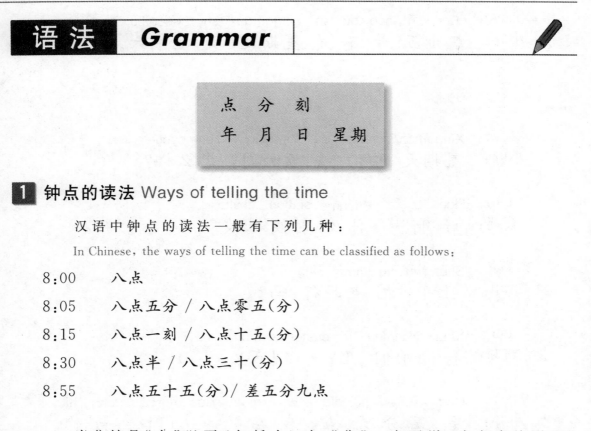

点	分	刻	
年	月	日	星期

1 钟点的读法 Ways of telling the time

汉语中钟点的读法一般有下列几种：

In Chinese，the ways of telling the time can be classified as follows：

8:00	八点
8:05	八点五分 / 八点零五(分)
8:15	八点一刻 / 八点十五(分)
8:30	八点半 / 八点三十(分)
8:55	八点五十五(分)/ 差五分九点

当分钟是"十"以下（包括十）时，"分"一定要说，或者直接说"零……"；分钟是"十"以上时，"分"可说可不说。

When the minutes are inferior or equal to ten, one must say "分" or directly say "零…"; when the minutes are superior to ten, "分" can be omitted or not.

练习 Exercises

看图进行替换练习 Do substitution drills according to the pictures

1 例：

A：现在几点？

B：现在12点。

1   2   3

④　　　⑤　　　⑥

 例：

A：保罗早上*几点起床*？

B：保罗6:45 起床。

A：他什么时候吃早饭？

B：他7:15 吃早饭。

①

上课

②

下课*

③

吃午饭*

④

学习

5 吃晚饭*

6 睡觉

2 年*、月、日及星期表示法 Ways of expressing year, month, day and week

汉语年份的读法是直接读出每个数字，如：

In Chinese, the way to read a year is simply to read every figure, e. g.

2005 年 → 二〇〇五年

十二个月份依次是：

The names of twelve months of a year are:

一月	二月	三月	四月	五月	六月
七月	八月	九月	十月	十一月	十二月

一周的七天是：

The names of seven days of a week are:

星期一　星期二　星期三　星期四　星期五　星期六　星期天（日）

"日"的读法是在每个数字后直接加上"日"。例如：

The ways of telling "日" is just to add "日" after the numbers, e. g.

一日　二日……三十一日

汉语里的"某一天"既可以用"日"、也可以用"号"来表示。但口语中常用"号"，书面语常用"日"。

In Chinese, "some day" can be expressed by both "日" and "号". "号" is usually used in oral Chinese and "日" in written Chinese.

汉语中时间的顺序是从大到小：

In Chinese，the order when telling the time is from the biggest to the smallest：

年	月	日（星期）	上午	点	分	例如：
year	month	day(week)	in the morning	hour	minute,	e. g.

二〇〇二年七月十日上午八点二十分

练 习 Exercises

1 看图进行替换练习 Do substitution drills according to the pictures

例：

今天

A：今天几月几号？

B：今天7月22号。

A：今天星期几？

B：今天星期四。

1

大前天*

2

前天*

3
2004年
一 二 三 四 五 六 日
1 2 3 4
5 6 7 8 9 10 11
12 13 14 15 16 17 18
19 20 ㉑ 22 23 24 25
26 27 28 29 30 31

昨天*

4
2004年
一 二 三 四 五 六 日
1 2 3 4
5 6 7 8 9 10 11
12 13 14 15 16 17 18
19 20 21 22 ㉓ 24 25
26 27 28 29 30 31

明天*

5
2004年
一 二 三 四 五 六 日
1 2 3 4
5 6 7 8 9 10 11
12 13 14 15 16 17 18
19 20 21 22 23 ㉔ 25
26 27 28 29 30 31

后天*

6
2004年
一 二 三 四 五 六 日
1 2 3 4
5 6 7 8 9 10 11
12 13 14 15 16 17 18
19 20 21 22 23 24 ㉕
26 27 28 29 30 31

大后天*

2 完成会话 Complete the following dialogue

A：你的生日*是几月几号？

B：＿＿＿＿＿＿＿＿＿＿＿＿＿＿＿＿＿。

3 名词谓语句 Sentences with a nominal predicate

　　由名词、名词结构、数量短语等作谓语主要成分的句子就叫名词谓语句。名词谓语句常用来表示时间、年龄、籍贯、数量等。肯定句一般不用动词"是"，但否定句必须在名词谓语前加"不是"。例如：

A sentence in which the main element of the predicate is a noun, a nominal construction or a numeral-measure phrase is called a sentence with a nominal predicate. Such a sentence is mainly used to show time，one's age or native place or，quantity，etc. In the affirmative form of the sentences of this type，the verb "是" is not used. But "不是" has to be added before the predicative noun to make the sentence negative，e. g.

1. 现在七点十分。

2. 今天十七号。

3. 二十号不是星期天。

综合练习　Comprehensive Exercises

1 根据所给材料组织会话 Make dialogues according to the given information

1

通知（tōngzhī notice）

太极拳（tàijíquán, shadow boxing）学习班 4 月 27 日开始（kāishǐ, begin），5 月 14 日结束（jiéshù, close）。每星期一、三、五下午 4:15～5:45。

4 月 18 日上午 8:00～11:30 在留学生办公室报名（bào míng, sign up）。

留学生办公室
2005 年 4 月 17 日

会话情景 Situation：

你看到这个通知，告诉你的朋友

会话角色 Roles：

你和你的朋友

> A 今天下午跟他的中国朋友 B 一起去书店。A 12 点半吃午饭，B 11 点 45 分吃午饭。A 和 B 下午两点出发，A 1 点 55 分在宿舍楼门口等 B。

会话情景 Situation：

　　两个人说时间

会话角色 Roles：

　　A 和 B

2 **自述** Give an account of yourself

　　我的一天

> 提示语　Cue words：
>
> 　　我每天 6:30 起床，……

3 **听后复述** Listen and retell what you hear

> 生词 New words
>
> | 问 | （动） | wèn | to ask |
> | 回答 | （动） | huídá | to answer |
> | 小明 | （专） | Xiǎomíng | (name of a person) |

办公楼在教学楼北边

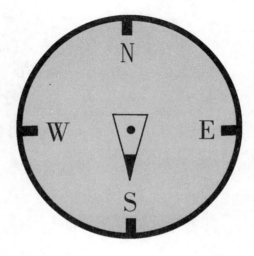

生词 New words

1. 里边	名	lǐbian	in
2. 教学楼	名	jiàoxuélóu	teaching building
3. 办公楼	名	bàngōnglóu	administrative building
4. 北边	名	běibian	north
5. 西边	名	xībian	west
6. 南边	名	nánbian	south
7. 附近	名	fùjìn	nearby; close to
8. 饭馆儿	名	fànguǎnr	restaurant
9. 东边	名	dōngbian	east

10. 还	副	hái	still; also
11. 电影	名	diànyǐng	movie
12. 电影院	名	diànyǐngyuàn	cinema
13. 对面	名	duìmiàn	opposite side
14. 药	名	yào	medicine
15. 旁边	名	pángbiān	beside
16. 茶叶	名	cháyè	tea leaves; tea
17. 们	尾	men	(a suffix denoting a plural form)
18. 照片	名	zhàopiàn	photo
19. 左边	名	zuǒbian	on the left
20. 右边	名	yòubian	on the right
21. 中间	名	zhōngjiān	in the middle
22. 后边	名	hòubian	behind
23. 桌子	名	zhuōzi	desk; table
24. 上边	名	shàngbian	on
25. 台灯	名	táidēng	desk lamp
26. 张	量	zhāng	(a measure word for desks, tables, paper, etc)
27. 男	名	nán	male
28. 男朋友		nán péngyou	boyfriend
29. 下边	名	xiàbian	under
30. 抽屉	名	chōuti	drawer
31. 块	量	kuài	(a measure word) piece; lump
32. 巧克力	名	qiǎokèlì	chocolate
33. 前边*	名	qiánbian	in the front of
34. 鞋*	名	xié	shoe
35. 眼镜*	名	yǎnjìng	glasses
36. 闹钟*	名	nàozhōng	alarm clock

1

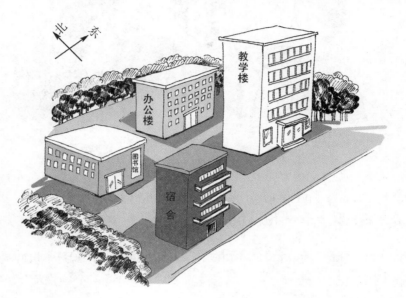

Wǒmen xuéxiào lǐbian yǒu jiàoxuélóu、bàngōnglóu、túshūguǎn hé
我们 学校 里边 有 教学楼、办公楼、图书馆 和

liúxuéshēng sùshèlóu. Bàngōnglóu zài jiàoxuélóu běibian，túshūguǎn zài
留学生 宿舍楼。 办公楼 在 教学楼 北边，图书馆 在

bàngōnglóu xībian，liúxuéshēng sùshèlóu zài túshūguǎn nánbian.
办公楼 西边，留学生 宿舍楼 在 图书馆 南边。

2

Xuéxiào fùjìn yǒu hěn duō fànguǎnr hé shāngdiàn，dōngbian hái yǒu
学校 附近 有 很 多 饭馆儿 和 商店， 东边 还 有

yí ge diànyǐngyuàn. Diànyǐngyuàn duìmiàn shì yí ge yàodiàn，yàodiàn
一 个 电影院。 电影院 对面 是 一 个 药店， 药店

pángbiān shì yí ge cháyèdiàn.
旁边 是 一 个 茶叶店。

3

Zhè shì Bǎoluó hé tā de péngyoumen de zhàopiàn. Zuǒbian shì
这 是 保罗 和 他 的 朋友们 的 照片。 左边 是

Xiǎoyǔ, yòubian shì Yīngnán, Xīméng zài Xiǎoyǔ hé Yīngnán zhōngjiān.
小雨， 右边 是 英男， 西蒙 在 小雨 和 英男 中间。

Bǎoluó zài nǎr? Bǎoluó zài Xīméng hé Yīngnán hòubian.
保罗 在 哪儿？ 保罗 在 西蒙 和 英男 后边。

4

Zhè shì Lìli de zhuōzi. Zhuōzi shàngbian yǒu yì běn shū、 yí ge
这 是 莉莉 的 桌子。 桌子 上边 有 一 本 书、 一 个

táidēng, hái yǒu yì zhāng Lìli nánpéngyou de zhàopiàn. Zhuōzi xiàbian shì
台灯，还有一张莉莉男朋友的照片。桌子下边是

Lìli de shūbāo. Chōuti li yǒu shénme? Chōuti li yǒu yí kuài qiǎokèlì.
莉莉的书包。抽屉里有什么？抽屉里有一块巧克力。

语法 *Grammar*

西边　旁边
在　有　是

1 方位词 Nouns of locality

　　表示方位的名词叫方位词。如：前边、后边，里边、外边，旁边、中间等。这些方位词跟一般名词一样，可以作主语、宾语、定语，也可以受定语的修饰。例如：

The most commonly used nouns of locality are "前边", "后边", "里边", "外边", "旁边" and "中间". Like ordinary nouns, they may serve as a subject, an object, an attributive of a sentence, and qualified by an attributive. e. g.

　　1. 左边是小雨，右边是英男。

　　2. 图书馆楼在办公楼西边。

　　3. 上边的书是我的。

　　4. 学校东边有一个电影院。

　　方位词作定语，后边一般要用"的"，如"上边的书"、"右边的房间"。如果接受定语的修饰，前边可以不用"的"。如"学校东边"，"小雨左边"。

When used attributively, a noun of locality usually takes a "的" after it, as in "上边的书", "右边的房间". But "的" is not used when the noun of locality is preceded by an attributive, as in "学校东边", "小雨左边".

2 存在句 Sentences indicating existence

动词"在"、"有"、"是"都可表示存在，它们作谓语的主要成分时，句子的语序分别是：

The verbs "在","有" and "是" indicate existence. When they serve as the main elements of the predicate, the word orders of sentences are as follows：

1. 某人（物）—— 在 —— 某处

somebody（something）—"在"—somewhere

2. 某处 —— 有（是）—— 某人（物）

somewhere —"有（是）"— somebody（something）

例如：

E. g.

1. 保罗在西蒙后边。
2. 学校附近有很多饭馆和商店。
3. 桌子下边是莉莉的书包。

用"有"表示存在的句子跟用"是"表示存在的句子有以下两点不同：

There are two points of difference between "是" and "有" when both indicate existence：

（1）用"有"的句子只说明某处存在某人或某物，用"是"的句子是已知某处存在某人或某物，而要进一步说明是谁或是什么。

Sentences with "有" merely tell where somebody or something is, whereas sentences with "是" tell not only where somebody or something is but also whom somebody is or what something is.

（2）用"有"的句子宾语是不确指的，用"是"的句子宾语可以是确指的，也可以是不确指的。因此，不能说"图书馆对面有我们学校"，应该说"图书馆对面是我们学校"。

The object of a sentence with "有" is usually indefinite while the object of a sentence with "是" may be either definite or indefinite. So in Chinese "Our school stands opposite to the library" should be "图书馆对面是我们学校" instead of "图书馆对面有我们学校".

练习 Exercises

1 **看图完成会话** Complete the dialogues according to the pictures

有

①

A: _____?

B: 学校里边有医院。

②

A: 附近有药店吗？

B: _____。

③

A: 桌子上有照片吗？

B: _____?

④

A: _____?

B: 田中旁边没有人。

是

A: _____？

B: 莉莉前边*是直美。

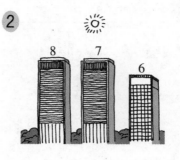

A: 7号楼西边是几号楼？

B: _____。

A: _____？

B: 床下边是保罗的鞋。

A: _____？

B: 小雨房间对面是姐姐的房间。

在

安娜 莉莉 直美

A: 莉莉在哪儿？

B: _____。

A: 邮局在哪儿？

B: _____。

汉语口语速成

3

A：眼镜*在哪儿？

B：＿＿＿＿＿＿＿＿。

4

A：闹钟*在哪儿？

B：＿＿＿＿＿＿＿＿。

2 **用"在"、"有(没有)"、"是"填空** Fill in the blanks with "在"，"有(没有)" or "是"

A：我的眼镜＿＿＿＿＿哪儿？

B：＿＿＿＿＿桌子上吧？

A：不＿＿＿＿＿桌子上。

B：床上＿＿＿＿＿吗？

A：床上也＿＿＿＿＿。

B：咦(yí why；well)，你眼睛前边＿＿＿＿＿什么？

A：啊！＿＿＿＿＿这儿！

综合练习 **Comprehensive Exercises**

1 **介绍一下你和你周围人或物的位置** Describe the position of you and people or objects around you

提示语　Cue words：

我前边是……

2 看图组织会话　Make dialogues according to the pictures

1

会话情景 Situation：

　　你住在 3 号楼，你朋友向你了解 3 号楼的位置和周围的环境。

会话角色 Roles：

　　你和你朋友

2

会话情景 Situation：

　　这是你们班同学和老师一起照的照片，你向朋友介绍照片上的人。

会话角色 Roles：

　　你和你朋友

2 听后填图　Listen to the recording and fill in the blanks in the picture

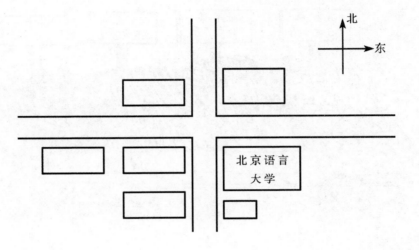

（1）小雨家　　（2）电影院　　（3）大明眼镜店　　（4）中国银行

要红的还是要蓝的

西红柿
1.5元／斤

大白菜
1元／斤

黄瓜
1.5元／斤

茄子
1.5元／斤

生词 *New words*

1.	支	量	zhī	（a measure word for pens，pencils，etc.）
2.	圆珠笔	名	yuánzhūbǐ	ball-point pen
3.	红	形	hóng	red
4.	还是	连	háishi	or
5.	蓝	形	lán	blue
6.	样	量	yàng	kind
7.	别的	代	biéde	others
8.	了	助	le	（a particle）
9.	卖	动	mài	to sell
10.	再	副	zài	more；again
11.	听	量	tīng	（a measure word）tin，can

12.	一共	副	yígòng	altogether
13.	给	动	gěi	to give
14.	零钱	名	língqián	small change
15.	找（钱）	动	zhǎo(qián)	to give (change)
16.	零（○）	数	líng	zero；and
17.	数	动	shǔ	to count
18.	橘子	名	júzi	orange
19.	斤	量	jīn	*jin*(half kilogram)
20.	东西	名	dōngxi	thing
21.	甜	形	tián	sweet
22.	尝	动	cháng	to taste
23.	西红柿	名	xīhóngshì	tomato
24.	怎么	代	zěnme	how
25.	新鲜	形	xīnxiān	fresh
26.	摘	动	zhāi	to pick
27.	酸*	形	suān	sour
28.	辆*	量	liàng	(a measure word for bicycles，cars，etc.)
29.	自行车*	名	zìxíngchē	bicycle
30.	铅笔*	名	qiānbǐ	pencil
31.	苹果*	名	píngguǒ	apple
32.	凉*	形	liáng	cool
33.	热*	形	rè	hot
34.	短*	形	duǎn	short

专名　Proper names

| 青岛 | | Qīngdǎo | (name of a Chinese city and brand of beer) |

课文 Text

1 在商店 In shop

Bǎoluó：　Mǎi liǎng zhī yuánzhūbǐ.
保罗：　买 两 支 圆珠笔。

shòuhuòyuán：　Yào hóng de háishi yào lán de?
售货员：　要 红 的 还是 要 蓝 的？

Bǎoluó：　Yí yàng yì zhī.
保罗：　一 样 一 支。[1]

shòuhuòyuán：　Hái yào biéde ma?
售货员：　还 要 别的 吗？

Bǎoluó：　Bú yào le.
保罗：　不 要 了。[2]

2

Bǎoluó：　Qǐng wèn, nǎr mài píjiǔ?
保罗：　请问，哪儿 卖 啤酒？[3]

shòuhuòyuán：　Nàr mài.
售货员：　那儿 卖。

* * *

Bǎoluó： Yǒu Qīngdǎo píjiǔ ma?
保罗： 有 青岛 啤酒 吗？

shòuhuòyuán： Yǒu, yào jǐ píng?
售货员： 有，要 几 瓶？

Bǎoluó： Yào sì píng, zài yào liǎng tīng Kěkǒu kělè.
保罗： 要 四 瓶，再 要 两 听 可口可乐。

3

Bǎoluó： Yígòng duōshao qián?
保罗： 一共 多少 钱？

shòuhuòyuán： Shíjiǔ kuài sì.
售货员： 十九 块 四。

Bǎoluó： Gěi nǐ qián.
保罗： 给 你 钱。[4]

shòuhuòyuán： Nín yǒu língqián ma?
售货员： 您 有 零钱 吗？

Bǎoluó： Méiyǒu.
保罗： 没有。

Shòuhuòyuán： Nín zhè shì wǔshí kuài, zhǎo nín sānshí kuài líng liù
售货员： 您 这 是 五十 块，找 您 三十 块 零 六

máo, qǐng shǔ yí xiàr.
毛，请 数 一 下儿。

4 **在市场 In market**

Zhíměi： Júzi duōshao qián yì jīn?
直美 橘子 多少 钱 一 斤？

mài dōngxi de： Dà de sān kuài qián yì jīn, xiǎo de shí kuài qián
卖东西的： 大 的 三 块 钱 一 斤，小 的 十 块 钱

sì jīn.
四 斤。

Zhíměi：　Tián bu tián?
直美：　甜 不 甜？

mài dōngxi de：　Nín cháng yí xiàr，　bù tián bú yào qián.
卖东西的：　您 尝 一 下儿，　不 甜 不 要 钱。[5]

＊　　　　　＊　　　　　＊

Zhíměi：　Xīhóngshì zěnme　mài?
直美：　西红柿 怎么 卖？[6]

mài dōngxi de：　Yì jīn yí kuài wǔ.
卖东西的：　一 斤 一 块 五。

Zhíměi：　Xīnxiān bu xīnxiān?
直美：　新鲜 不 新鲜？

mài dōngxi de：　Zhè shì jīntiān zǎoshang zhāi de，xīnxiān jí le.
卖东西的：　这 是 今天 早上 摘 的，新鲜 极 了。

注 释　Notes

[1] 一样一支。

这里的"一样"表示"每一种"，其后的数量词表示需要的数量。

"一样" here means every type, the following numeral indicates the quantity needed.

[2] 不要了。

语气助词"了"在此表示变化。

The modal particle "了" indicates that the situation has changed.

[3] 哪儿卖啤酒？

"哪儿卖"用来询问什么东西在什么地方卖。

"哪儿卖" is used to inquire where something is sold.

[4] 给你钱。

这是个双宾语句。"钱"表物，是直接宾语；"你"表人，是间接宾语。

This is a sentence with a verb taking two objects as its predicates. "钱"(referring to a thing) is the direct object and "你"(referring to a person) is the indirect object.

[5] 不甜不要钱。

此句为紧缩句，意思是"如果橘子不甜，我就不要你的钱"。

"不甜不要钱" is a contracted complex sentence equivalent to "如果橘子不甜,我就不要你的钱".

[6] 怎么卖？

用来询问价钱。

It is used to inquire prices.

语法 *Grammar*

红的！大的！
还是？
元　角　分

1 "的"字结构　"的"construction

名词、人称代词、形容词等后边加上"的"，可以组成"的"字结构。"的"字结构使用起来相当于一个名词。例如：

A noun, an adjective or a pronoun plus the structural particle "的" form a "的" construction. A "的" construction functions as a noun，e. g.

1. 这本书是西蒙的。（西蒙的＝西蒙的书）
2. 大的三块钱一斤。（大的＝大的橘子）

3. 这是今天买的。(今天买的＝今天买的书)

练 习 Exercises

看图完成会话 Complete the dialogue according to the pictures

1

A：这是谁的？

B：＿＿＿＿＿＿＿＿＿。

2

A：这是你的吗？

B：＿＿＿＿＿＿＿＿＿＿＿。

3

A：这是不是酸*的？

B：＿＿＿＿＿＿＿＿＿。

4

A：哪辆*自行车*是你的？

B：＿＿＿＿＿＿＿＿＿＿。

2 选择疑问句 Alternative questions

用连词"还是"连接两种可能的答案构成的疑问句，叫选择疑问句。
例如：

An alternative question is one formed of two statements joined by "还是" suggesting two different alternatives for the person addressed to choose from, e. g.

1. 你去还是我去？ ——我去吧。

2. 你回家还是去商店？ ——我回家。

3. 你要红的还是蓝的？ ——我要红的。

4. 你下午去图书馆还是晚上去？ ——我晚上去。

"是"字句的选择疑问形式如下：

The alternative questions of "是" sentence are as follow：

5. 这是你的书还是他的？ ——这是他的书。

6. 你是日本人还是韩国人？ ——我是日本人。

练 习 Exercises

用选择疑问句提问 Make alternative questions

1

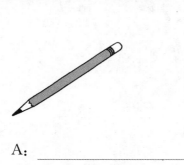

A: _____？

B：这是铅笔*。

2

A: _____？

B：这是我妹妹。

3

A: _____？

B：我喝可乐。

4

A: _____？

B：我要苹果*。

⑤

星期四　星期……

A: _____?

B: 今天是星期四。

⑥

A: _____?

B: 我要大的。

⑦

A: _____?

B: 我要凉*的。

⑧

A: _____?

B: 我要短*的。

3 钱的计算 Counting money

人民币的计算单位是"元"、"角"、"分",口语里常用"块"、"毛"、"分"。钱数的读法如下:

The units of Renminbi(RMB) are "元", "角" and "分", but in oral Chinese they are called "块", "毛" and "分". The following are the ways of telling money:

10.00 元	十元(块)
10.50 元	十元(块)五角(毛)
10.58 元	十元(块)五角(毛)八分
10.09 元	十元(块)零九分

"角(毛)"、"分"在末位时可以省略不说。

If "角(毛)" and "分" are the last units, they can be omitted.

如果只有"元（块）"、"角（毛）"、"分"一个单位时，口语中常在最后用上一个"钱"字。例如：

If the unit is just "元（块）", "角（毛）" or "分", the word "钱" is often added in oral Chinese, e. g.

10.00 元	十块钱
0.50 元	五毛钱
0.05 元	五分钱

注意

"2"字单用时，常说"两"。例如：

If "2" stands all by itself, it is often said "两", e. g.

2.00 元	两块
0.20 元	两毛
0.02 元	两分

"2"字在数字末尾时，常说"二"。例如：

If "2" stands in the end, it can be said "二", e. g.

2.20 元	两块二	
2.22 元	两块二毛二	两块两毛二
12.02 元	十二块零二	

练习 Exercises

看图完成会话 Complete the dialogues according to the pictures

1

2.8 元

A：这个面包多少钱？

B：_____。

2

西红柿
1.8 元／千克

A：西红柿多少钱一斤？

B：_____。

3

A：这辆自行车多少钱？

B：＿＿＿＿＿＿＿＿＿＿＿。

4

A：两杯咖啡、一杯牛奶，多少钱？

B：＿＿＿＿＿＿＿＿＿＿＿。

综合练习 *Comprehensive Exercises*

1 根据所给材料组织会话 Make dialogues according to the given information

1

> 我们学校里有一个小商店，那儿卖笔、本子，也卖面包、啤酒、矿泉水等（děng，etc.）。商店对面有一个邮局，那儿卖邮票（yóupiào，stamp）和信封（xìnfēng，envelope）。

会话情景 Situation：

你去商店买本子、面包，你还要买信封和邮票。

会话角色 Roles：

你和售货员

注意："信封"的量词是"个"，"邮票"的量词是"张"。

NB ：The measure word for "信封" is "个", the measure word for "邮票" is "张".

2

> 南门旁边有一个水果（shuǐguǒ，fruit）摊儿（tānr，stall），那儿有很多水果，有苹果、橘子，还有香蕉（xiāngjiāo，banana）、西瓜（xīguā，watermelon）等。那儿卖的橘子很甜。水果摊儿旁边还有一个蔬菜（shūcài，vegetable）摊儿，那儿的蔬菜都很新鲜。

会话情景 Situation：

　　你去这个地方买东西

会话角色 Roles：

　　你和卖东西的人

2 看图说话　Give a talk according to the pictures

王二卖杏（xìng apricot）

1

2

3

4

提示语　Cue words：

王二在路边（lùbiān roadside）卖杏，一个女人问王二："……"

提示词　Suggested words

女人	（名）	nǚrén	woman
男人	（名）	nánrén	man
老人	（名）	lǎorén	old man

3 听后选择与所听到的句子意思相同或相近的句子　Listen and choose the sentence having the same or similar meaning with what you hear

1　A：我买一斤苹果，两斤橘子。

　B：我买苹果，不买橘子。

　C：我买一斤苹果，一斤橘子。

2　A：苹果五块钱一斤。

　B：苹果两块五一斤。

　C：苹果十块钱一斤。

3　A：我的橘子不甜。

　B：我的橘子很甜。

　C：我的橘子不要钱。

4　A：西红柿多少钱？

　B：西红柿卖不卖？

　C：西红柿怎么样？

您给我介绍介绍

生词 **New words**

1.	想	助动	xiǎng	would like
2.	随身听	名	suíshēntīng	walkman
3.	给	介	gěi	for; to; by
4.	左右	助	zuǒyòu	or so; about
5.	牌子	名	páizi	brand
6.	质量	名	zhìliàng	quality
7.	又…又…		yòu…yòu…	both...and
8.	价钱	名	jiàqian	price
9.	便宜	形	piányi	cheap

10. 样子	名	yàngzi	appearance; shape
11. 好看	形	hǎokàn	nice; beautiful
12. 双	量	shuāng	pair
13. 号	量	hào	size
14. 可以	助动	kěyǐ	can
15. 试	动	shì	to try
16. 有点儿	副	yǒudiǎnr	a bit
17. 一点儿	数量	yìdiǎnr	a little
18. 合适	形	héshì	suitable
19. 件	量	jiàn	(a measure word for clothing, matters, etc.)
20. 白	形	bái	white
21. 真丝	名	zhēnsī	real silk
22. 衬衣	名	chènyī	shirt
23. 颜色	名	yánsè	color
24. 只	副	zhǐ	only
25. 种	量	zhǒng	kind; type
26. 用 *	动	yòng	to use
27. 算 *	动	suàn	to calculate
28. 条 *	量	tiáo	(a measure word for long or narrow or thin things)
29. 裤子 *	名	kùzi	trousers; pants
30. 乱 *	形	luàn	messy
31. 老 *	形	lǎo	old
32. 带 *	动	dài	to take
33. 雨伞 *	名	yǔsǎn	umbrella

课文 **Text**

1

Yīngnán: Wǒ xiǎng mǎi ge suíshēntīng, nín gěi wǒ jièshào
英男：我 想 买 个 随身听[1]，您 给 我 介绍

jièshào.
介绍。

shòuhuòyuán: Nín xiǎng mǎi duōshao qián de?
售货员：您 想 买 多少 钱 的？

Yīngnán: Wǔbǎi kuài zuǒyòu de.
英男：五百 块 左右 的。

shòuhuòyuán: Nín kànkan zhè ge páizi de, zhìliàng yòu hǎo,
售货员：您 看看 这个 牌子 的，质量 又 好，

jiàqian yòu piányi.
价钱 又 便宜。

Yīngnán: Yàngzi yě tǐng hǎokàn.
英男：样子 也 挺 好看。

2

Yīngnán: Zhè shuāng xié shì duō dà hào de?
英男：这 双 鞋 是 多 大 号 的？

shòuhuòyuán: Èrshíwǔ hào de.
售货员： 25 号 的。

Yīngnán: Wǒ kěyǐ shìshi ma?
英男：我 可以 试试 吗？

shòuhuòyuán: Kěyǐ.
售货员：可以。

Yīngnán: Zhè shuāng yǒudiǎnr xiǎo, yǒu dà yìdiǎnr de ma?
英男：这 双 有点儿 小，有 大 一点儿 的 吗？

shòuhuòyuán： Yǒu, nín zài shìshi èrshíwǔ hào bàn de.
售货员： 有，您 再 试试 25 号 半 的。

Yīngnán： Zhè shuāng bú dà yě bù xiǎo, tǐng héshì.
英男： 这 双 不 大 也 不 小，挺 合 适。

3

mài dōngxi de： Nín yào mǎi diǎnr shénme?
卖东西的： 您 要 买 点儿 什么?[2]

Lìli： Wǒ kànkan nà jiàn bái de zhēnsī chènyī. Yǒu biéde
莉莉： 我 看看 那 件 白 的 真丝 衬衣。有 别的

yánsè de ma?
颜色 的 吗?

mài dōngxi de： Méiyǒu, zhǐ yǒu zhè yì zhǒng yánsè.
卖东西的： 没有，只 有 这 一 种 颜色。

Lìli： Duōshao qián yí jiàn?
莉莉： 多少 钱 一 件?

mài dōngxi de： Yìbǎi bā.
卖东西的： 一百 八。

Lìli: Tài guì le, piányi diǎnr ba.
莉莉：太 贵 了，便宜 点儿 吧。[3]

mài dōngxi de: Nín gěi yìbǎi liù ba.
卖东西的：您 给 一百 六 吧。

Lìli: Zài piányi diǎnr, yìbǎi wǔ zěnmeyàng?
莉莉：再 便宜 点儿，一百 五 怎么样？

mài dōngxi de: Xíng.
卖东西的：行。

注 释 Notes

[1] 我想买个随身听。

量词前面的"一"不在句首时，"一"可以省略。

When "一" before a measure word isn't at the beginning of a sentence, it may be omitted.

[2] 你想买点儿什么？

口语中，"一点儿"中的"一"常常省略。

In spoken Chinese, "一" in "一点儿" is usually omitted.

[3] 便宜点儿吧。

语气助词"吧"可以用在表示请求、劝告、命令、商量或同意的句子里，使整个句子的语气比较缓和。

The modal particle "吧" can be used in the sentences denoting require, advice, order, discussion or agreement to soften the tone.

语法　*Grammar*

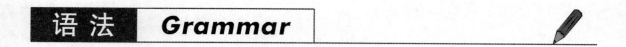

试试　看看
一点儿　有（一）点儿
又……又……　想　要

1 动词重叠 Reduplication of verbs

有一部分动词可以重叠，表示轻松、随便的语气，有时表示动作经历的时间短，或者尝试的意义。单音节的重叠形式是"AA"或"A 一 A"，双音节的重叠形式是"ABAB"。例如：

Some verbs can be reduplicated to make a sentence sound casual or informal. Sometimes a verb is reduplicated to indicate that the action is of very short duration, or to imply that what is done is just for the purpose of trying something out. In the case of a verb with one syllable, the reduplication follows the pattern "AA" or "A — A"; in the case of a verb with two syllables, the reduplication follows the pattern "ABAB". E. g.

1. 我想买个随身听，您给我介绍介绍。

2. 这双鞋我可以试试吗？

3. 星期天在家看看电视，听听音乐，休息休息，真好！

 练 习 Exercises

看图用所给词语进行替换练习 Do substitution drills with the given words according to the pictures

例1：

我可以试试 这件衬衣吗？

①

看

②

用*

③

尝 橘子

例2：

你尝尝，饺子怎么样？

①

看

算*

试　条*　裤子*

② "一点儿"和"有一点儿"　"一点儿" and "有一点儿"

"一点儿"是量词，表示少量，常修饰名词。例如：

"一点儿", a measure word, indicates an indefinite small quantity to qualify a noun, e.g.

    1. 今天我只吃了一点儿饭。

    2. 我想去商店买点儿东西。

"一点儿"也用在形容词后，表示程度轻微。例如：

"一点儿" is also used after adjectives to express that the degree is low, e.g.

    3. 有大一点儿的鞋吗？

    4. 明天我要早点儿来教室。

"有一点儿"常用在动词或形容词前作状语，也表示程度轻微，但它用在形容词前时，多表示评价和不如意的意思。"一"也常省略。例如：

"有一点儿" is often used before a verb or an adjective as an adverbial adjunct. It also expresses that the degree is low, but when used before an adjective, it has the special meaning of criticizing unsatisfactory situations. "一" is often omitted, e.g.

    5. 那件衬衣有点儿贵。

    6. 今天我有点儿累，不想吃饭。

    7. 他有点儿不高兴。

练习 Exercises

看图用所给词语进行替换练习 Do substitution drills with the given words according to the pictures

 一点儿

例1：

    A：你喝 啤酒吗？

    B：我喝一点儿。

①

吃

②

买

例2：

这个教室比较小，那个教室大一点儿。

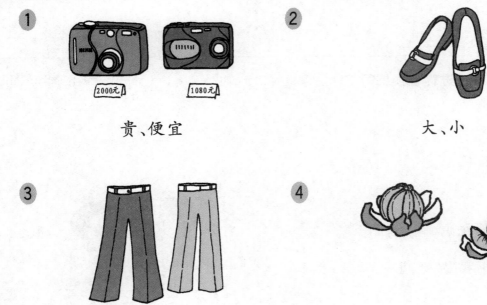

① 贵、便宜

② 大、小

③

长、短

④ 甜、酸

2 有点儿

例1：

他有点儿累。

① 饿

② 渴

③ 忙

例2：

A：这本书怎么样？

B：这本书有点儿难。

乱*

老*

贵

3 "又……又……" "...and..."

表示两种性质或情况同时存在。例如：

It means that two characteristics or situations are found at the same time, e.g.

1. 那件衣服又贵又不好看。

2. 这个牌子的随身听质量又好,价钱又便宜。

练习 Exercises

用"又……又……"完成句子 Complete the sentences using "又…又…"

1. 我同屋_____。

2. 那件衬衣_____。

3. 颐和园_____。

4. 小西的姐姐_____，_____。

5. 我们班同学_____，_____。

4 能愿动词(3) Modal verbs(3)

1 想

表示主观上的意愿，侧重"打算"、"希望"。例如：

It indicates one's volition and emphasizes one's plan or wish, e.g.

——你想去图书馆吗？

——我不想去图书馆，我想在家看电视。

练习 Exercises

回答问题 Answer questions

他们想做什么？

1

吃

2

大同

旅行

2 要

"要"的主要意思和用法有：

The main meanings and ways of using of "要" are as follows：

A：表示主观意志上的要求。否定式是"不想"。例如：

It indicates one's desire to do something. Its negative form is "不想"，e.g.

1. 下午我要给妈妈打个电话。

2. ——你要买点儿苹果吗？

　　——我不想买苹果，我想买点儿西红柿。

B：表示客观事实上的需要。否定式是"不用"。例如：

It also means "to need objectively". The negative form is "不用", e. g.

3. ——东西很多，要我帮你吗？

　　——谢谢，不用。

练习 Exercises

选用"不想"或"不用"回答问题　Answer questions using "不想" or "不用"：

1. A：你要喝咖啡吗？

　　B：我＿＿＿＿＿喝咖啡，我要喝牛奶。

2. A：要不要带*雨伞*？

　　B：天气很好，＿＿＿＿＿带雨伞。

3. A：要我跟他说吗？

　　B：＿＿＿＿＿，他知道。

4. A：今晚咱们去饭馆吃饭，怎么样？

　　B：我＿＿＿＿＿去饭馆，我想在家吃。

综合练习　**Comprehensive Exercises**

1 会话练习　Dialogue exercises

会话话题 Topics：

1. 我想买 ……，您给我介绍介绍。

2. ……，我可以试试吗？

3. 太贵了，便宜点儿吧。

2 利用所给词语对下列物品进行描述　Describe the object in each picture using the given words

质量　价钱　样子　好　好看　贵　便宜　又……又……　有点儿

TCL 牌电视机

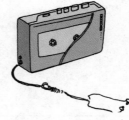

英男的录音机

直美的衬衣

3 听后回答问题并复述　Listen to the recording and answer questions，then retell what you hear

问题　Questions：

1. 这双鞋是在哪儿买的？

2. 那个鞋店卖的鞋怎么样？

3. 这双鞋多少钱？

莉莉的新鞋

咱们去尝尝，好吗

14

生词 New words

1.	听说		tīng shuō	it is said that
2.	菜	名	cài	dish
3.	好吃	形	hǎochī	delicious
4.	服务员	名	fúwùyuán	attendant；waiter；waitress
5.	事	名	shì	thing；affair；business
6.	菜单	名	càidān	menu
7.	点	动	diǎn	to order(dishes)
8.	鱼香肉丝	名	yúxiāng ròusī	fish-favored shredded pork
9.	麻婆豆腐	名	mápó dòufu	stir-fried beancurd in hot sauce
10.	碗	量、名	wǎn	bowl
11.	辣	形	là	hot；peppery
12.	汤	名	tāng	soup
13.	饮料	名	yǐnliào	beverage

14.	壶	名	hú	pot
15.	稍	副	shāo	a little; slightly
16.	觉得	动	juéde	to feel; to think
17.	不过	连	búguò	but
18.	油	名	yóu	oil
19.	喜欢	动	xǐhuan	to like
20.	最	副	zuì	most
21.	呀	助	ya	(a particle)
22.	咸	形	xián	salty
23.	苦	形	kǔ	bitter
24.	就是	连	jiùshi	but
25.	小姐	名	xiǎojie	waitress; Miss
26.	结账		jié zhàng	to get the check
27.	餐巾纸	名	cānjīnzhǐ	napkin paper
28.	付	动	fù	to pay
29.	请客		qǐng kè	to treat
30.	以后	名	yǐhòu	later
31.	唱*	动	chàng	to sing
32.	卡拉OK*	名	kǎlā'ōukèi	karaoke
33.	有意思*	形	yǒuyìsi	interesting
34.	汉字*	名	Hànzì	Chinese character
35.	告诉*	动	gàosu	to tell
36.	问题*	名	wèntí	question
37.	问*	动	wèn	to ask
38.	难*	形	nán	difficult

专名 Proper name

| 四川 | | Sìchuān | (name of a Chinese province) |

课文　Text

1

Zhíměi: Tīng shuō Sìchuān cài hěn hǎochī, zánmen qù
直美：听说 四川 菜 很 好吃，咱们 去

chángchang, hǎo ma?
尝尝， 好 吗？

Lìli: Hǎo a, shénme shíhou qù?
莉莉：好 啊，什么 时候 去？

Zhíměi: Jīntiān wǎnshang zěnmeyàng?
直美：今天 晚上 怎么样？

Lìli: Jīntiān wǎnshang wǒ yǒu shì, míngtiān zhōngwǔ hǎo ma?
莉莉：今天 晚上 我 有 事，明天 中午 好 吗？

Zhíměi: Hǎo!
直美：好！

2

fúwùyuán: Zhè shì càidān, qǐng diǎn cài.
服务员：这 是 菜单，请 点 菜。

Zhíměi: Lái yí ge yúxiāng ròusī, yí ge
直美：来 一 个 鱼香肉丝，[1] 一 个

mápó dòufu, zài lái liǎng wǎn
麻婆豆腐， 再 来 两 碗

mǐfàn, yí ge suānlàtāng.
米饭，一 个 酸辣汤。

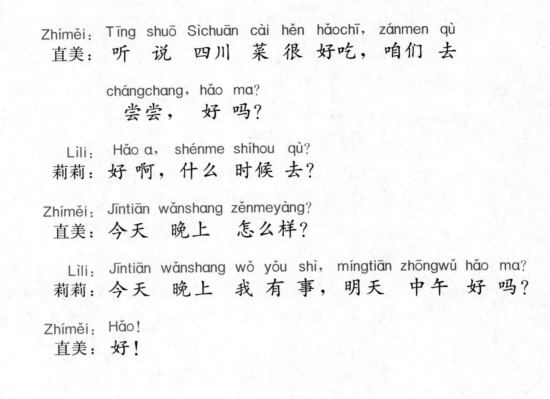

鱼香肉丝　12元
麻婆豆腐　10元

fúwùyuán: Yào shénme yǐnliào?
服务员：要 什么 饮料？

Zhíměi: Lái yì hú chá.
直美：来 一 壶 茶。

131

fúwùyuán： Qǐng shāo děng.
服务员： 请 稍 等。

Zhíměi： Nǐ juéde Zhōngguó cài hǎochī ma?
直美： 你 觉得 中国 菜 好吃 吗？

Lìli： Hǎochī shì hǎochī, búguò yóu tài duō.
莉莉： 好吃 是 好吃，不过 油 太 多。

Zhíměi： Nǐ xǐhuan chī shénme cài?
直美： 你 喜欢 吃 什么 菜？

Lìli： Wǒ zuì xǐhuan chī Hánguó cài. Wǒ xǐhuan chī là de. nǐ
莉莉： 我 最 喜欢 吃 韩国 菜。我 喜欢 吃 辣 的。你

ne?
呢？

Zhíměi： Wǒ ya, suān de、 là de、 xián de、 kǔ de dōu xǐhuan
直美： 我 呀，酸 的、辣 的、咸 的、苦 的 都 喜欢

chī, jiùshi bù xǐhuan chī tián de.
吃，就是 不 喜欢 吃 甜 的。

3

Zhíměi： Xiǎojie, jié zhàng.
直美： 小姐，结账。

Lìli： Zài gěi wǒmen liǎng zhāng cānjīnzhǐ.
莉莉： 再 给 我们 两 张 餐巾纸。

Zhíměi： Wǒ lái fù qián, jīntiān wǒ qǐng kè.
直美： 我 来 付 钱，今天 我 请客。

Lìli： Hǎo, yǐhòu wǒ qǐng nǐ chī Hánguó cài.
莉莉： 好，以后 我 请 你 吃 韩国 菜。[2]

注 释 Notes

[1] 来一个鱼香肉丝。

在商店特别是在饭馆里，常用"来"代替"买"或"要"。这样更符合口语的习惯。

In shops, especially in restaurants, "来" is often used to replace "买" or "要" according to the way of spoken Chinese.

[2] 我请你吃韩国菜。

这是一个兼语句。"你"是动词"请"的宾语，同时兼任动词"吃"的主语。

This is a pivotal sentence. "你" is the object of the verb "请" and subject of the verb "吃".

语 法　*Grammar*

……，好吗?

给我米饭!

A 是 A

1 用"……，好吗?"提问 Tag question "…,好吗?"

用"……，好吗?"提问，常用来提出建议，征询对方的意见。这种疑问句的前一部分是陈述句，答句常用"好啊"、"好"表示同意。例如：

The tag question "…,好吗?" is often used to make a request or a suggestion and for the opinion of the person addressed. The first part of such a sentence is usually a statement. The answer to it is "好啊" or "好", including consent or agreement of the person addressed, e. g.

1. 听说四川菜很好吃，咱们去尝尝，好吗?

2. 今天晚上我有事，明天中午好吗?

练 习 Exercises

看图用"……，好吗？"完成句子 Complete the sentence using "…，好吗？" according each picture

1

今天晚上，＿＿＿＿＿＿＿

＿＿＿？（唱*卡拉OK*）

2

听说那个电影很有意思*，

＿＿＿＿＿＿＿＿＿？

3

A：咱们几点见面？

B：＿＿＿＿＿＿＿＿？

4

太贵了，＿＿＿＿＿？

---

2 **双宾语动词谓语句** Sentences with a predicate verb taking two objects

有的动词可以带两个宾语，间接宾语（一般是指人的）在前，直接宾语（一般是指物的）在后。

Some verbs can take two objects: an indirect object (usually referring to a person) and a direct object (usually referring to a thing), with the former preceding the latter.

能带双宾语的动词是有限的，主要有"教"、"送"、"给"、"告诉"、"借"、"还"、"问"等。例如：

Only some verbs can take two objects as "教"，"送"，"给"，"告诉"，"借"，"还" and "问"，etc., e.g.

1. 小姐给我们两张餐巾纸。　　　2. 王老师教我们汉字*。

练习 Exercises

组词成句 Make sentences with the given words

1. 老师　　我　　教　　汉字

2. 他　　我　　告诉*　　一　　个　　秘密

3. 小雨　　问题*　　问*　　姐姐　　什么

4. 她　　莉莉　　的　　保罗　　告诉　　年纪　　不

5. 售货员　　他　　十二块　　找　　钱

6. 姐姐　　给　　妹妹　　两　　本　　书

3 "……是……" The construction "…是…"

　　"A 是 A" 结构常用来先承认或肯定某事实，后边紧接着转折，说出主要的意思。例如：

The construction "A 是 A" is used to state or confirm a fact, then a transition comes to tell the main meaning, e. g.

　　1. 中国菜好吃是好吃，不过油太多。

　　2. 这件衬衣好看是好看，不过太贵了。

练习 Exercises

用 "……是……" 格式完成会话 Complete each dialogue using the construction "…是…"

1. A：这种牌子的空调质量好不好？

　　B：_____。

2. A：汉语难*吗？

　　B：_____。

3. A：韩国菜好吃不好吃？

   B：＿＿＿＿＿＿＿＿＿＿＿＿＿＿。

4. A：你想不想买辆自行车？

   B：＿＿＿＿＿＿＿＿＿＿＿＿＿＿。

综合练习　Comprehensive Exercises

1 完成会话　Complete the dialogue

1 A：听说＿＿＿＿＿＿＿＿，咱们去尝尝,好吗？

  B：好啊,什么时候去？

  A：＿＿＿＿＿＿＿＿,怎么样？

  B：＿＿＿＿＿＿＿我有事,＿＿＿＿＿＿好吗？

  A：好。

2 菜单　Menu

菜名	主食	汤	酒水
糖醋里脊	米饭（碗）	鸡蛋汤	啤酒
青椒肉丝	面条（碗）	酸辣汤	可乐
咕咾肉	包子（两）	三鲜汤	雪碧
清炒西兰花	饺子（两）		椰汁

A：这是菜单,请点菜。

B：来一个＿＿＿＿、一个＿＿＿＿、一个＿＿＿＿。

A：要什么饮料？

B：来_____。

A：请稍等。

3 A：你觉得这个菜好吃吗？

   B：好吃是好吃，不过_____。

4 A：你喜欢吃什么菜？

   B：我最喜欢吃_____，我爱吃_____的。你呢？

   A：我呀，_____的、_____的都爱吃，就是不爱吃_____的。

2 会话练习 Dialogue exercises

会话题目 Topics

   1. 听说……，咱们去尝尝，好吗？

   2. 这是菜单，请点菜。

   3. 你觉得……好吃吗？

3 看图说话 Have a talk according to the pictures

今天吃什么

1

2

提示语　Cue words：

1. 小雨的宿舍有四个人，……

2. 今天小雨要请客。小张说："……，好吗？"小王说……

3. 小李说："……是……，不过……"

4. 最后，他们跟小雨一起……

2 听后回答问题　Listen to the hearding and answer questions

生词 New words

特点	（名）	tèdiǎn	characteristic
南方	（名）	nánfāng	south
北方	（名）	běifāng	north

1　中国菜的特点是什么？听后连线　What are the characteristics of Chinese diskes? After listening, match

南　　　咸

北　　　酸

东　　　甜

西　　　辣

2　回答问题　Answer questions

他的中国朋友是哪儿的人？他的中国朋友喜欢吃甜的吗？

15

去邮局怎么走

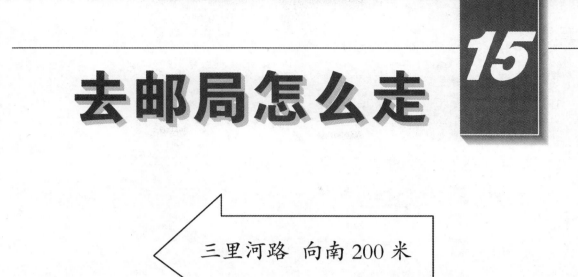

三里河路 向南200米

生词 *New words*

1.	走	动	zǒu	to go; to walk
2.	一直	副	yìzhí	straight
3.	往	介	wǎng	toward
4.	到	动	dào	to arrive; to reach
5.	字	名	zì	character
6.	路口	名	lùkǒu	crossing; intersection
7.	拐	动	guǎi	to turn
8.	米	量	mǐ	meter
9.	公里	量	gōnglǐ	kilometer
10.	车	名	chē	vehicle
11.	过	动	guò	to cross
12.	马路	名	mǎlù	avenue; street
13.	先	副	xiān	first
14.	路	名	lù	route; No. (for bus); road
15.	公共汽车		gōnggòng qìchē	bus
16.	然后	副	ránhòu	then
17.	地铁	名	dìtiě	subway; underground

18.	应该	助动	yīnggāi	should
19.	或者	连	huòzhě	or
20.	骑	动	qí	to ride
21.	技术	名	jìshù	skill
22.	还是	副	háishi	(expressing a preference for an alternative)
23.	周末	名	zhōumò	weekend
24.	火车	名	huǒchē	train
25.	飞机	名	fēijī	plane
26.	快	形	kuài	fast
27.	舒服	形	shūfu	comfortable
28.	可是	连	kěshì	but
29.	宽*	形	kuān	wide
30.	重*	形	zhòng	heavy
31.	出租汽车*		chūzū qìchē	taxi
32.	送*	动	sòng	to send
33.	礼物*	名	lǐwù	gift
34.	花*	名	huā	flower

专名 Proper names

1.	大同	Dàtóng	(name of a Chinese city)
2.	百货大楼	Bǎihuò Dàlóu	Department Store

课文 Text

1

Lìli: Qù yóujú zěnme zǒu?
莉莉：去 邮局 怎么 走？

Zhōngguórén: Yìzhí wǎng qián zǒu, dào shí zì lùkǒu wǎng yòu guǎi.
中国人： 一直 往 前走，到 十字路口 往 右 拐。

Lìli: Lí zhèr duō yuǎn?
莉莉： 离 这儿 多 远？

Zhōngguórén: Èrbǎi duō mǐ.
中国人： 二百 多 米。

2

Zhíměi: Cóng zhèr dào Bǎihuò Dàlóu yǒu duō yuǎn?
直美： 从 这儿 到 百货 大楼 有 多 远？

Zhōngguórén: Shísān-sì gōnglǐ.
中国人： 十三四 公里。

Zhíméi: Zěnme zuò chē?
直美： 怎么 坐 车？

Zhōngguórén: Guò mǎlù, xiān zuò èr lù gōnggòng qìchē, ránhòu
中国人： 过 马路， 先 坐 2 路 公共 汽车，然后

huàn dìtiě.
换 地铁。

3

Bǎoluó: Qǐng wèn, wǒ qù Tiān'ānmén, yīnggāi zǒu nǎ tiáo lù?
保罗： 请 问，我 去 天安门，应该 走 哪 条 路？

Zhōngguórén: Zǒu zhè tiáo lù huòzhě nà tiáo lù dōu xíng.
中国人： 走 这 条 路 或者 那 条 路 都 行。

Bǎoluó: Nǎ tiáo lù jìn?
保罗： 哪 条 路 近？

Zhōngguórén: Zhè tiáo lù jìn, búguò yǒudiǎnr luàn.
中国人： 这 条 路 近，不过 有点儿 乱。

Bǎoluó: Wǒ qí chē jìshù bú tài gāo, háishi zǒu nà tiáo lù
保罗： 我 骑 车 技术 不 太 高，还是 走 那 条 路

ba.
吧。

4

Bǎoluó: Zhōumò zánmen qù Dàtóng, hǎo ma?
保罗： 周末 咱们 去 大同，好 吗？

Yīngnán: Hǎo a. Zuò huǒchē háishi zuò fēijī?
英男： 好 啊。坐 火车 还是 坐 飞机？

Bǎoluó: Zuò fēijī ba, yòu kuài yòu shūfu.
保罗： 坐 飞机 吧，又 快 又 舒服。

Yīngnán: Kěshì, zuò fēijī tài guì le, háishi zuò huǒchē
英男： 可是，坐 飞机 太 贵 了，还是 坐 火车

ba.
吧。

语法 **Grammar**

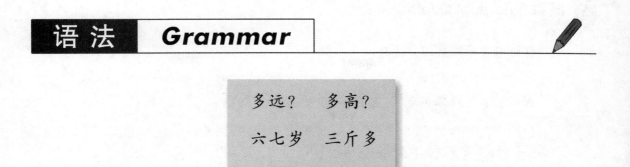

多远？　多高？

六七岁　三斤多

还是……吧！

1 用疑问副词"多"提问 Questions with the interrogative adverb "多"

　　副词"多"放在形容词（多为单音节的）前，用来询问程度。"多"前还可以用上"有"表示估量。例如：

The adverb "多" is put before adjectives (mostly monosyllable adjectives) to ask about degree or extent. "有" can precede "多" to indicate estimation，e. g.

　　1. A：邮局离这儿多远？　　　　　　B：二百多米。

　　2. A：从这儿到百货大楼有多远？　　B：十三四公里。

　　3. A：你今年多大？　　　　　　　　B：我今年二十一岁。

　　4. A：他有多高？　　　　　　　　　B：1米75。

练习 Exercises

用"多"就划线部分提问 Make questions about the underlined part using "多"

例：保罗<u>1米75</u>。 保罗多高？

1. 小雨今年<u>23岁</u>。

2. 从这儿到颐和园有<u>15公里</u>。

3. 那条路长<u>500米</u>，宽*<u>20米</u>。

4. 这五个苹果重*<u>3斤</u>。

2 概数 The approximate number

汉语里表示概数的方法有:

In Chinese, there are different ways of expressing the approximate numbers:

A:用两个相邻的数字连在一起来表示。例如:

A:Two neighboring numbers are written successively, e. g.

> 1. 这个孩子有六七岁。
>
> 2. 从这儿到百货大楼有十三四公里。
>
> 3. 教室里有四五十个学生。

B:在一个数目后边加上"多",表示超过那个数目。"多"的位置有两种:

B:"多" is put after a number to indicate that the quantity expressed surpasses this number. There are two positions for "多":

(a):"多"用来强调整数时,用在量词或不带量词的名词前边。例如:

(a):When "多" is used to emphasize a whole number, it is used before the measure word or directly before the noun if this noun doesn't need a measure word, e. g.

> 1. 这件衬衣三十多块钱。
>
> 2. 从这儿到我们学校只用十多分钟。

(b):"多"表示整数以后的零数时,用在量词或不带量词的名词之后。例如:

(b):When "多" expresses a decimal following a whole number, it is used after the measure word or after the noun if this noun doesn't need a measure word, e. g.

> 3. 这些橘子三斤多。
>
> 4. 下午五点多我去找你。
>
> 5. 这本词典二十九块多。

练习 Exercises

1 用两个相邻的数字回答问题 Answer questions using two neighboring numbers

例:A:这孩子多大?　　　　B:三四岁。

1. 你的宿舍离教室有多远？

2. 你们学校有多少留学生？

3. 你旁边的同学有多高？

4. 你认识多少个汉字？

5. 你们学校附近有几个饭馆？

2 **将下列句子中的数字用"多"来表示** Change the numbers in the following sentences using "多"

例：他二十三岁。——→ 他二十多岁。

1. 三杯牛奶四块五。

2. 现在两点二十六分。

3. 这个班有十四个学生。

4. 一年有三百六十五天。

5. 这辆自行车四百八十八块。

3 **还是……吧**

这里"还是"是副词，表示经过比较后，选出相对满意的。例如：

Here "还是" is an adverb indicating a relatively satisfactory choice after comparison，e. g.

1. A：去天安门走哪条路好？

B：我骑车技术不太高，还是走那条路吧。

2. A：我们坐火车还是坐飞机？

B：坐飞机太贵了，还是坐火车吧。

练 习 Exercises

看图用"还是……吧"格式完成句子 Complete the sentence using "还是…吧" according to each picture

A：今天吃饺子还是吃面条？

B：＿＿＿＿＿＿＿＿＿＿＿。

A：咱们坐出租汽车*还是坐公共汽车去？

B：＿＿＿＿＿＿＿＿＿＿＿。

A：明天是莉莉的生日，送*她什么礼物*好呢？

B：＿＿＿＿＿＿＿＿。（花*）

A：你要哪种颜色的？

B：＿＿＿＿＿＿＿＿＿＿＿。

综合练习 Comprehensive Exercises

1 根据所给材料进行会话练习 Make a dialogue according to the given information

1

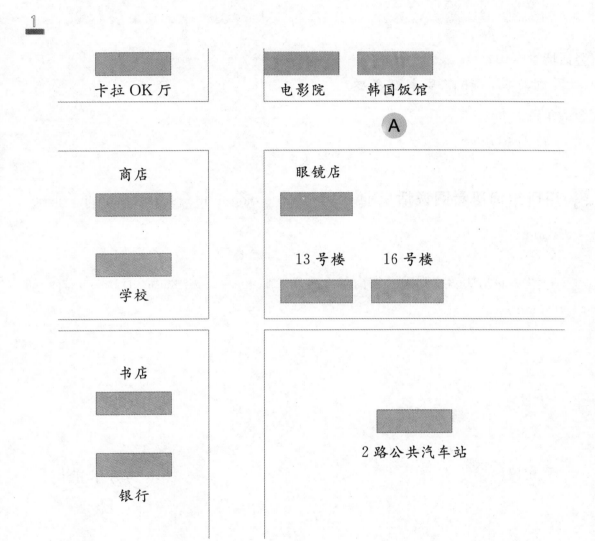

卡拉 OK 厅　　　电影院　　韩国饭馆

A

商店

眼镜店

学校

13 号楼　　　16 号楼

书店

2 路公共汽车站

银行

会话情景 Situation：

　　A 现在在韩国饭馆门口,他要去书店(银行、卡拉 OK 厅、2 路公共汽车站……),B 告诉他怎么走。

会话角色 Roles：

　　A 和 B

2

莉莉和小叶骑车去颐和园,从她们学校到颐和园有两条路。一条大路,一条小路。走大路比较远,走小路近一点儿。不过小路上人多,车也多,比较乱。

会话情景 Situation：

莉莉和小叶商量走哪条路。

会话角色 Roles：

莉莉和小叶

2 用所给词语看图说话　Have a talk according to the picture using the given words

1 介绍一下儿从学校到秀水东街怎么坐车　Tell how to get Xiushui Dongjie by bus and subway from the university

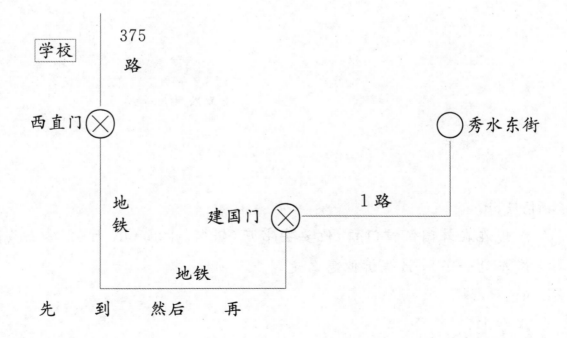

生词 New words

西直门	（专）	Xīzhímén	name of a place
建国门	（专）	Jiànguómén	name of a place
秀水东街	（专）	Xiùshuǐ Dōngjiē	name of a street

1

从……到……

2

或者

3

又……又……

4

……是……，可是

5

还是……吧

提示语　Cue words：

　　A 和 B 想去大连（Dàlián, name of a city），……

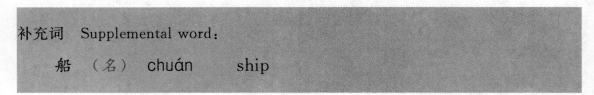

补充词　Supplemental word：

　　船　（名）　chuán　　　ship

3 听一听、找一找、说一说　Look，find and speak

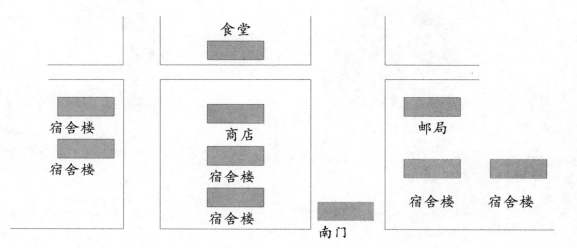

问题　Questions：

1. 王老师家在哪个楼？

2. 从南门到王老师家怎么走？

听力练习答案及录音文本
keys to listening exercises and tapescript

第二课:听录音填空

1. fā	(发)		2. nǔ	(女)		
3. mù	(木)		4. bó	(博)		
5. lì	(力)		6. dé	(德)		
7. tǐ lì	(体力)		8. bīpò	(逼迫)		
9. fúwù	(服务)		10. tǔdì	(土地)		
11. tèdì	(特地)		12. nǔlì	(努力)		
13. ne	(呢)		14. fó	(佛)		
15. pà	(怕)		16. lǜ	(绿)		
17. dú	(读)		18. mǐ	(米)		
19. pùbù	(瀑布)		20. dàgē	(大哥)		
21. tǐyù	(体育)		22. nǔpú	(女仆)		
23. déyì	(得意)		24. bōli	(玻璃)		

第三课:听录音填空

1. kǎ	(卡)		2. hěn	(很)		
3. hēi	(黑)		4. kàn	(看)		
5. gāng	(刚)		6. gèng	(更)		
7. gùkè	(顾客)		8. hángài	(涵盖)		
9. kònggào	(控告)		10. kāngkǎi	(慷慨)		
11. hánghǎi	(航海)		12. gōnghuì	(工会)		
13. mǎi	(买)		14. pàng	(胖)		
15. tōu	(偷)		16. lǎo	(老)		
17. pán	(盘)		18. dǒng	(懂)		
19. nèiháng	(内行)		20. bǎibèi	(百倍)		
21. tǎndàng	(坦荡)		22. běnnéng	(本能)		
23. máohān	(毛蚶)		24. dǒupō	(陡坡)		

第四课:听录音填空

1. jǔ	(举)		2. xuān	(宣)		
3. qín	(琴)		4. xiǎo	(小)		

5. jiē	（接）	6. qiáng	（强）
7. xiānqián	（先前）	8. jiǎoxìng	（侥幸）
9. qīngxiàng	（倾向）	10. jiājǐn	（加紧）
11. xiějǐng	（写景）	12. quánjūn	（全军）
13. jìn	（进）	14. xué	（学）
15. juān	（捐）	16. xiǎng	（想）
17. qīng	（轻）	18. xiōng	（凶）
19. qīngxìn	（轻信）	20. yīnxùn	（音讯）
21. jiějué	（解决）	22. qiàqiǎo	（恰巧）
23. jiānqiáng	（坚强）	24. qiánxiàn	（前线）

第五课：听录音填空

A：
1. zhuā	（抓）	2. shū	（书）
3. cuī	（催）	4. zuò	（做）
5. chī	（吃）	6. shuāng	（双）
7. chūrù	（出入）	8. zhuōzhù	（卓著）
9. chuánshuō	（传说）	10. zhuīsuí	（追随）
11. zuòzhǔ	（做主）	12. zhùsuǒ	（住所）
13. cuàn	（篡）	14. zūn	（尊）
15. zhuāng	（装）	16. shuǐ	（水）
17. zhuō	（桌）	18. chuán	（船）
19. ruǎnruò	（软弱）	20. shuǐzhǔn	（水准）
21. sùshuō	（诉说）	22. zhuānzhù	（专著）
23. chuānzhuó	（穿着）	24. zuǐchún	（嘴唇）

B：
1. jūnzhuāng	（军装）	2. zhíjiē	（直接）
3. qiánchéng	（前程）	4. chūqí	（出奇）
5. xīnshǎng	（欣赏）	6. shíxíng	（实行）
7. suǒxìng	（索性）	8. xiànsuǒ	（线索）
9. xiūsè	（羞涩）	10. rèliàng	（热量）
11. lìrùn	（利润）	12. hàofèi	（耗费）

第六课：听一听，找一找，说一说

（1）这是我姐姐的女儿，她很聪明，也很可爱。

（2）这是保罗的爱人，她很漂亮，她也学习汉语。

（3）这是我哥哥，他是老师，他很帅。

第七课:听一听,找一找,说一说

我同屋保罗是德国人。他个子很高,眼睛比较大,他非常喜欢喝啤酒。我们是好朋友。

第八课:听后填空

田中太郎是日本留学生,他住留学生宿舍1407号房间,他的电话号码是82307438。

第九课:听后选择正确答案

王老师家有四口人,王老师的爱人今年四十七岁,他在医院工作,他是大夫。王老师的大女儿在商店工作,是售货员。王老师的二女儿不工作,她是学生。

第十课:听后复述

老师问小明:"今天几号?"小明回答:"今天7月22号。"老师说:"很好,你的生日是几月几号?"小明回答:"我的生日是8月3号。"老师问:"你的生日是哪年?"小明回答:"每年,老师。"

第十一课:听后填图

小雨家在北京语言大学旁边,他家对面是一个眼镜店。眼镜店旁边是中国银行。中国银行西边有一个电影院。

第十二课:听后选择与所听到的句子意思相同或相近的句子

1. 苹果、橘子一样买一斤。

2. 苹果五块钱两斤。

3. 我的橘子不甜不要钱。

4. 西红柿怎么卖?

第十三课:听后回答问题并复述

你们看看,这是我的新鞋,我在学校旁边的鞋店买的。这个鞋店卖的鞋质量又好,样子又漂亮。什么? 价钱怎么样? 价钱有点儿贵。你们说说,这双鞋多少钱? 280? 不对,是380。

第十四课:听后连线并回答问题

中国菜的特点是南甜北咸,东辣西酸。就是说南方人喜欢吃甜的,北方人喜欢吃咸的。不过,我认识一个中国朋友,是个南方人,他呀,酸的、辣的、咸的都喜欢吃,就是不喜欢吃甜的。

第十五课:听一听,找一找,说一说

王老师家住在学校南门附近的宿舍楼里。从南门一直往北走,在十字路口往左拐,再往前走二三十米,然后往左拐,一直走,路西有两个宿舍楼,王老师家在南边的那个楼里。

词汇表 *Glossary*

A

啊	（助）	a	10
爱人	（名）	àiren	2

B

八	（数）	bā	4
爸爸	（名）	bàba	2
吧	（助）	ba	10
白	（形）	bái	13
百	（数）	bǎi	4
班	（名、量）	bān	6
办公室	（名）	bàngōngshì	5
办公楼	（名）	bàngōnglóu	11
半	（数）	bàn	10
包子	（名）	bāozi	3
杯	（量、名）	bēi	4
北边	（名）	běibian	11
本	（量）	běn	4
本子	（名）	běnzi	3
比较	（副）	bǐjiào	7
笔	（名）	bǐ	3
别的	（代）	biéde	12
不错	（形）	búcuò	7
不过	（连）	búguò	14
不	（副）	bù	1

C

菜	（名）	cài	14
菜单	（名）	càidān	14
餐巾纸	（名）	cānjīnzhǐ	14
茶	（名）	chá	3
茶叶	（名）	cháyè	11
差	（动）	chà	10
常常	（副）	chángcháng	8
长	（形）	cháng	7
尝	（名）	cháng	12
唱	（动）	chàng	14
衬衣	（名）	chènyī	13
成绩	（名）	chéngjì	7
吃	（动）	chī	3
抽屉	（名）	chōuti	11
出发	（动）	chūfā	10
出租汽车		chūzū qìchē	15
床	（名）	chuáng	10
词典	（名）	cídiǎn	3
聪明	（形）	cōngming	6
从…到		cóng…dào	10

D

大	（形）	dà	6
带	（动）	dài	13
当然	（副）	dāngrán	9
到	（动）	dào	15
的	（助）	de	6
等	（动）	děng	10

弟弟	（名）	dìdi	2
点	（量、动）	diǎn	10、14
电话	（名）	diànhuà	8
电视	（名）	diànshì	7
电影	（名）	diànyǐng	11
电影院	（名）	diànyǐngyuàn	11
东边	（名）	dōngbian	11
东西	（名）	dōngxi	12
都	（副）	dōu	2
独生女	（名）	dúshēngnǚ	9
读	（动）	dú	1
短	（形）	duǎn	12
对不起		duìbuqǐ	1
对面	（名）	duìmiàn	11
多	（形、副）	duō	7、9
多少	（代）	duōshao	4

E

饿	（形）	è	2
儿子	（名）	érzi	9
二	（数）	èr	4

F

饭馆儿	（名）	fànguǎnr	11
房间	（名）	fángjiān	8
非常	（副）	fēicháng	7
飞机	（名）	fēijī	15
分	（量）	fēn	4、10
服务员	（名）	fúwùyuán	14
付	（动）	fù	14
父亲	（名）	fùqin	9
附近	（名）	fùjìn	11

G

高	（形）	gāo	7
高兴	（形）	gāoxìng	6
告诉	（动）	gàosu	14
哥哥	（名）	gēge	2
个	（量）	gè	4
个子	（名）	gèzi	7
给	（动、介）	gěi	12、13
跟	（介、连）	gēn	8
工作	（动、名）	gōngzuò	9
公共汽车		gōnggòng qìchē	15
公里	（量）	gōnglǐ	15
公司	（名）	gōngsī	9
拐	（动）	guǎi	15
贵	（形）	guì	8
国	（名）	guó	8
过	（动）	guò	15

H

还	（副）	hái	11
还是	（连、副）	háishi	12、15
孩子	（名）	háizi	9
汉语	（名）	Hànyǔ	7
汉字	（名）	Hànzì	14
好	（形）	hǎo	1
好吃	（形）	hǎochī	14
好看	（形）	hǎokàn	13
号	（名、量）	hào	8、10、13
号码	（名）	hàomǎ	8
喝	（动）	hē	3
和	（介、连）	hé	6

合适	（形）	héshì	13
很	（副）	hěn	2
红	（形）	hóng	12
后边	（名）	hòubian	11
厚	（形）	hòu	6
后天	（名）	hòutiān	10
壶	（名）	hú	14
花	（名）	huā	15
换	（动）	huàn	4
火车	（名）	huǒchē	15
或者	（连）	huòzhě	15

J

…极了		…jí le	6
几	（数）	jǐ	8
技术	（名）	jìshù	15
记者	（名）	jìzhě	9
家	（名）	jiā	9
价钱	（名）	jiàqian	13
见面		jiàn miàn	10
件	（量）	jiàn	13
教	（动）	jiāo	8
角	（量）	jiǎo	4
饺子	（名）	jiǎozi	3
教室	（名）	jiàoshì	6
教学楼	（名）	jiàoxuélóu	11
叫	（动）	jiào	8
结账		jié zhàng	14
姐姐	（名）	jiějie	2
姐妹	（名）	jiěmèi	9
介绍	（动）	jièshào	6
斤	（量）	jīn	12

今年	（名）	jīnnián	9
今天	（名）	jīntiān	10
进	（动）	jìn	1
近	（形）	jìn	7
经理	（名）	jīnglǐ	9
九	（数）	jiǔ	4
就	（副）	jiù	5
就是	（连）	jiùshì	14
橘子	（名）	júzi	12
觉得	（动）	juéde	14

K

咖啡	（名）	kāfēi	3
卡拉OK	（名）	kǎlā'ōukèi	14
看	（动）	kàn	6
可爱	（形）	kě'ài	6
可是	（连）	kěshì	15
可以	（助动）	kéyǐ	13
渴	（形）	kě	2
刻	（量）	kè	10
客气	（形）	kèqi	1
空调	（名）	kōngtiáo	7
口	（量、名）	kǒu	9
苦	（形）	kǔ	14
裤子	（名）	kùzi	13
块	（名、量）	kuài	4、11
快	（形）	kuài	15
宽	（形）	kuān	15
矿泉水	（名）	kuàngquánshuǐ	3

L

辣	（形）	là	14

来	（动）	lái	6	没（有）	（动、副）	méi(yǒu)	7
蓝	（形）	lán	12	没关系		méi guānxi	7
老	（形）	lǎo	13	每	（代）	měi	8
老师	（名）	lǎoshī	1	美元	（名）	měiyuán	4
了	（助）	le	12	妹妹	（名）	mèimei	2
累	（形）	lèi	2	门口	（名）	ménkǒu	10
离	（介）	lí	7	们	（尾）	men	11
里	（名）	lǐ	7	米	（名）	mǐ	15
里边	（名）	lǐbian	11	米饭	（名）	mǐfàn	3
礼物	（名）	lǐwù	15	秘密	（名）	mìmì	9
凉	（形）	liáng	12	面包	（名）	miànbāo	3
两	（数）	liǎng	4	面条	（名）	miàntiáo	3
辆	（量）	liàng	12	明天	（名）	míngtiān	10
零（○）	（数）	líng	12	名字	（名）	míngzi	8
零钱	（名）	língqián	12	名片	（名）	míngpiàn	9
留学生	（名）	liúxuéshēng	5	母亲	（名）	mǔqin	9
六	（数）	liù	4				
楼	（名）	lóu	5	**N**			
路	（名）	lù	15	哪	（代）	nǎ	8
路口	（名）	lùkǒu	15	哪儿	（代）	nǎr	5
乱	（形）	luàn	13	那	（代）	nà	6
				那儿	（代）	nàr	5
M				南边	（名）	nánbian	11
妈妈	（名）	māma	2	男	（形）	nán	11
麻婆豆腐	（名）	mápódòufu	14	男朋友	（名）	nánpéngyou	11
马马虎虎		mǎmǎhūhū	7	难	（形）	nán	14
马路	（名）	mǎlù	15	闹钟	（名）	nàozhōng	11
吗	（助）	ma	2	呢	（助）	ne	2
买	（动）	mǎi	3	能	（助动）	néng	13
卖	（动）	mài	12	你	（代）	nǐ	1
忙	（形）	máng	2	你们	（代）	nǐmen	1
毛	（量）	máo	4	年纪	（名）	niánjì	9

牛奶	（名）	niúnǎi	3
努力	（形）	nǔlì	7
女儿	（名）	nǚ'ér	6

P

牌子	（名）	páizi	13
旁边	（名）	pángbiān	11
朋友	（名）	péngyou	6
啤酒	（名）	píjiǔ	3
便宜	（形）	piányi	13
漂亮	（形）	piàoliang	5
苹果	（名）	píngguǒ	12
瓶	（量、名）	píng	4

Q

七	（数）	qī	4
骑	（动）	qí	15
起	（动）	qǐ	10
前天	（名）	qiántiān	10
汽车	（名）	qìchē	15
铅笔	（名）	qiānbǐ	12
钱	（名）	qián	4
前边	（名）	qiánbian	11
巧克力	（名）	qiǎokèlì	11
请	（动）	qǐng	1
请客		qǐng kè	14
请问		qǐngwèn	5
去	（动）	qù	5

R

然后	（连）	ránhòu	15
热	（形）	rè	12
人	（名）	rén	6

认识	（动）	rènshi	6
日	（名）	rì	10

S

三	（数）	sān	4
商店	（名）	shāngdiàn	5
上边	（名）	shàngbian	11
上课		shàng kè	10
上午	（名）	shàngwǔ	10
稍	（副）	shāo	14
身体	（名）	shēntǐ	7
什么	（代）	shénme	3
生日	（名）	shēngri	10
十	（数）	shí	4
时候	（名）	shíhou	10
食堂	（名）	shítáng	5
事	（名）	shì	14
是	（动）	shì	6
试	（动）	shì	13
售货员	（名）	shòuhuòyuán	9
舒服	（形）	shūfu	15
书	（名）	shū	3
书包	（名）	shūbāo	3
书店	（名）	shūdiàn	5
数	（动）	shǔ	12
帅	（形）	shuài	6
谁	（代）	shuí	8
随身听	（名）	shuíshēntīng	13
睡觉		shuì jiào	8
说	（动）	shuō	1
司机	（名）	sījī	9
四	（数）	sì	4

送	（动）	sòng	15
宿舍	（名）	sùshè	5
酸	（形）	suān	12
算	（动）	suàn	13
岁	（量）	suì	9

T

他	（代）	tā	2
他们	（代）	tāmen	2
她	（代）	tā	2
太	（副）	tài	7
台灯	（名）	táidēng	11
汤	（名）	tāng	14
天	（名）	tiān	8
甜	（形）	tián	12
条	（量）	tiáo	13
听	（动、量）	tīng	1、12
听说		tīng shuō	14
挺	（副）	tǐng	7
同屋	（名）	tóngwū	7
同学	（名）	tóngxué	6
头发	（名）	tóufa	7
图书馆	（名）	túshūguǎn	5

W

碗	（名）	wǎn	14
晚饭	（名）	wǎnfàn	10
晚上	（名）	wǎnshang	8
往	（介）	wǎng	15
位	（量）	wèi	8
问	（动）	wèn	14
问题	（名）	wèntí	14
我	（代）	wǒ	2

我们	（代）	wǒmen	6
五	（数）	wǔ	4
午饭	（名）	wǔfàn	10

X

西边	（名）	xībiān	11
西红柿	（名）	xīhóngshì	12
喜欢	（动）	xǐhuan	14
下边	（名）	xiàbian	11
下课		xià kè	10
下午	（名）	xiàwǔ	8
先	（副、名）	xiān	15
咸	（形）	xián	14
现在	（名）	xiànzài	10
想	（动、助动）	xiǎng	9、13
小	（形、头）	xiǎo	6
小姐	（名）	xiǎojie	14
写	（动）	xiě	1
谢谢	（动）	xièxie	1
新	（形）	xīn	6
新鲜	（形）	xīnxiān	12
星期	（名）	xīngqī	10
星期日	（名）	xīngqīrì	10
（星期天）		（xīngqītiān）	
行	（动）	xíng	10
姓	（动、名）	xìng	8
兄弟	（名）	xiōngdì	9
休息	（动）	xiūxi	8
学生	（名）	xuésheng	6
学习	（动、名）	xuéxí	6
学校	（名）	xuéxiào	7

		Y		
呀	（助）	ya	14
颜色	（名）	yánsè	13
眼镜	（名）	yǎnjìng	11
眼睛	（名）	yǎnjing	7
样	（量）	yàng	12
样子	（名）	yàngzi	13
药	（名）	yào	11
要	（助动、动）	yào	4
爷爷	（名）	yéye	9
也	（副）	yě	2
一	（数）	yī	4
一点儿	（数量）	yìdiǎnr	13
一共	（副）	yígòng	12
一起	（副）	yìqǐ	8
一下儿		yí xiàr	6
一直	（副）	yìzhí	15
医生	（名）	yīshēng	9
医院	（名）	yīyuàn	5
以后	（名）	yǐhòu	14
银行	（名）	yínháng	5
饮料	（名）	yǐnliào	14
应该	（助动）	yīnggāi	15
用	（动）	yòng	13
油	（名）	yóu	14
邮局	（名）	yóujú	5
有	（动）	yǒu	7
有时候		yǒushíhou	8
有意思	（形）	yǒuyìsi	14
有点儿	（副）	yǒudiǎnr	13
又…又		yòu…yòu	13

右边	（名）	yòubian	11
鱼香肉丝		yúxiāng ròusī	13
雨伞	（名）	yǔsǎn	13
元	（量）	yuán	4
圆珠笔	（名）	yuánzhūbǐ	12
远	（形）	yuǎn	7
月	（名）	yuè	10

		Z		
再	（副）	zài	12
再见	（动）	zàijiàn	1
在	（介、动）	zài	5
咱们	（代）	zánmen	10
早饭	（名）	zǎofàn	10
早上	（名）	zǎoshang	10
怎么	（代）	zěnme	7
怎么样	（代）	zěnmeyàng	10
摘	（动）	zhāi	12
张	（量）	zhāng	11
找	（动）	zhǎo	12
照片	（名）	zhàopiàn	11
这	（代）	zhè	6
这儿	（代）	zhèr	8
真	（副）	zhēn	9
真丝	（名）	zhēnsī	13
支	（量）	zhī	12
知道	（动）	zhīdào	5
职员	（名）	zhíyuán	9
只	（副）	zhǐ	13
质量	（名）	zhìliàng	13
中间	（名）	zhōngjiān	11
种	（量、名）	zhǒng	13

重	（形）	zhòng	15
周末	（名）	zhōumò	15
住	（动）	zhù	8
桌子	（名）	zhuōzi	11
自行车	（名）	zìxíngchē	12
字	（名）	zì	15
走	（动）	zǒu	15
最	（副）	zuì	14

最近	（名）	zuìjìn	7
昨天	（名）	zuótiān	10
左边	（名）	zuǒbian	11
左右	（助）	zuǒyòu	13
坐	（动）	zuò	1
做	（动）	zuò	8

专　名

百货大楼	Bǎihuò Dàlóu	15
保罗	Bǎoluó	6
北京语言大学	Běijīng Yǔyán Dàxué	8
长城	Chángchéng	5
大同	Dàtóng	15
德国	Déguó	6
法国	Fǎguó	6
故宫	Gùgōng	5
韩国	Hánguó	6
可口可乐	Kěkǒukělè	3
李英男	Lǐ Yīngnán	6

莉莉	Lìli	7
青岛	Qīngdǎo	12
四川	Sìchuān	14
天安门	Tiān'ānmén	5
王	Wáng	8
西蒙	Xīméng	6
直美	Zhíměi	9
小叶	Xiǎoyè	9
小雨	Xiǎoyǔ	11
颐和园	Yíhéyuán	5
中国	Zhōngguó	7